天国と地獄は存在している

地獄に堕ちない生き方をしよう!

近藤真一
KONDO Shinichi

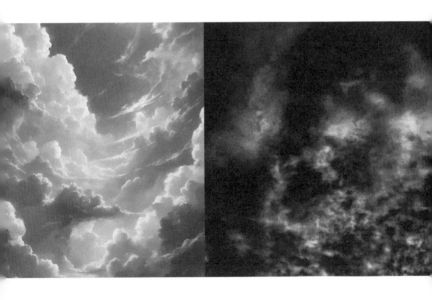

文芸社

まえがき

　人間は天国から幽体の体でこの世にやって来て、舞台の役者のように肉体の衣装に着替えて人生の舞台を歩んでいきます。この世では寿命があり、誰もが必ず死を迎えます。しかし、天国からやって来たといっても、天国へ必ず帰れるわけではなく、地獄に落ちていく人も出てきます。

　現代では、死後の天国や地獄について考える人は少ないようです。鎌倉時代は、親鸞の「南無阿弥陀仏」や日蓮の「南無妙法蓮華経」を唱えて天国（極楽浄土、霊山浄土）へ行けるようにと、民衆は祈願していました。この時代は、帰依すれば天国へ行けると考えていました。この時代に人間の想念や行為の元の心の働きが天国や地獄につながっていくことは考えられていなかったのです。

　令和の今の時代は、科学技術が進み生活も豊かになり、人生を楽しんでいるようにも見えます。しかしこの肉眼では見えないけれど、この地上にも地獄の世界が展開しているのです。

　地獄の恐ろしさを要約して熟語で表すと、冷寒、火災、暗黒、苦痛、盲目、毒蛇の徘徊、長期、格闘などと表せます。地獄に落ちない生き方としては、お釈迦様の説かれた「八正道」があります。正しい想念と行為で生活す

れば悪霊達は取り憑けない。波長が合わないからです。とにかく地獄に入ると長いのです。あの宗教家の日蓮は、本文にも載せてありますが、鎌倉時代から昭和の時代まで約700年地獄に入っていたと言われています。

　また、ある時、私を襲ってきた自縛霊（地縛霊）は、既に150年以上地獄生活を送っていると計算できます。

　なお、本書は、さまざまな文献をもとに、筆者なりの見解をまとめたものになります。主要文献については巻末に記載しています。

　本書を多くの人達に読んでほしいと思っています。特に旧統一教会を辞めた人、教団に疑問を抱いている人、死後の世界に興味を抱いている人、人生に疑問を抱いている人などに読んでいただけたら幸いです。

〈目　次〉

第1章
地球での人類の始まり

□1　宇宙の始まり

（1）宇宙の初めには光明（神）だけが存在していた
◇60兆個もの数々の星

　宇宙には膨大な数の星があるといわれている。私達は全体を見ることはできない。星の1つである地球に、私達は住んでいる。

　この地球は誕生してから33億年（46億年説も）経っていると言われる。その33億年という長い時間はどうして分かるのだろうか。それはこの地球をとり囲んでいる媒質の中にあるとされる〝アカシックレコード（記憶装置）〟を読むことにより得られると言われる。勿論、誰でも読めるわけではない。読める人は、エル・ランティやエドガー・ケイシーのような超霊能力者でなくては読めない。

◇物質から造られた星々

　この地球を含めて、星は主に物質でできている。物質は簡単に言うとエネルギー粒子が集中して固体となったもの。しかし、エネルギー粒子が勝手に集中して固体と

15

はならない。神の分身と言われる5つ、つまり光、熱、電気、磁気、重力の働きによると言われるが、詳しくは分からない。とにかく物質は作られて、星はその物質によって造られた。神の意識がなかったなら、宇宙は何もない無の空間になってしまう。

（2）宇宙は「意識」と「物質」の2つの世界に分かれた

（神の意志）光明という神の意識の中で、神の意志が働き始めた。

　そして意識の働く宇宙と物質の宇宙の2つが創造された。いわゆる「天地の創造」である。つまり「心と物質」の2元がスタートした。これは、あの世（心の世界）とこの世（物質の世界）と呼ばれる。

□2　光明から人間の誕生まで

（1）数字の1から10までにドラマが入っていた！
　◇読み方に答え

　1から10までの読み方は順にヒ、フ、ミ、ヨ、イ、ム、ナ、ヤ、コ、トとなる。これを漢字に置きかえると、誕生の順番が見える。

　1（ヒ）霊……宇宙の初めには光明（神の意識）だけが存在した

2（フ）風……空気ができた

3（ミ）水……星（球体）は水でおおわれていた

4（ヨ）世……海面に陸地が隆起し、地上ができた

5（イ）命……生命が出現した。微生物、植物の誕生

6（ム）虫……虫類、小動物が発生した

7（ナ）魚……魚類、海に住む動物が発生した

8（ヤ）鳥……鳥類が発生した

9（コ）獣……大きな動物、獣類が発生した

10（ト）止……人類が誕生した

（2）人間は神の分霊と呼ばれる

　上記の1と10に着目すると、1はスタートで10は止まったとなる。1（ヒ）が10（ト）で止まったので人をヒトと呼ばれた。

　したがって人は「神の子」であり、「神の分霊」ということになる。

　宇宙と人間について考えると、宇宙は神の体内といえる。人間はその体内の細胞に相当する。細胞の数で見ると、人間の肉体の細胞の個数は60兆個あるとされている。この60兆個は宇宙の星の数60兆個に一致する。したがって、人間は神の「大宇宙」に対して「小宇宙」と呼ばれている。

□3　現代の火星への移住計画

　この計画は、2016年にアメリカのスペースX社が発表したものである。

　◇**打ち上げ**…2024年、宇宙船の長さは120メートル、乗員数は100人。

　◇**火星での計画**…100万人の自給自足の都市を計画しているという。火星には大気があり、地下には氷があるという。

　◇**申込費用**…1人当りおよそ2000万円（貧乏人は無理ですよ！）。

　なお、スペースX社のCEOはイーロン・マスク氏で、電気自動車のテスラ社のCEOでもある。

□4　太古から人類は地球に移住してきた

（1）スラブ伝説

「人間は地球から遠く離れた星でつくられた。神が人間が地球で増えるようにと、何組かの男・女を地球に連れていくように天使達に命じた。

　天使達は地球上に男・女を残して帰ってしまった。男・女が地上に定住していくと、その子供達はどんどん増加していった。恐らく地球が終わりに近づく時、神は人間が子供を産んで増えるように、再び宇宙のどこか他

の場所に人間を連れていくだろう」という内容のもので
す。

　この説によると、人間は星から他の星へ移住している
ようです。地球は、人類が住み始めた最初の星ではない。
超霊能力者によると、現在宇宙の中で人間の住んでいる
星はこの地球を含め7つあるそうだ。それぞれの星には
メシアがいて、互いに通信しているといわれている。詳
細は分からない。

　人類が最初の星に住み始めたのはいつか
　最初に住みついた星があると思う。しかし何億年前か、
何兆年前か分かっていない。また、太陽系外の星につい
ては行くことができないので分かっていない。

　**（2）地球に人類がやって来たのは約3億年も前だっ
た！**
　◇天上界からの通信（1976年5月8日）
　村上宥快『調和への道　心の存在を自覚するために』
によると、今から3億6405年前に、地球からはるかに離
れたベーター星から反重力光子宇宙船で船長エル・ラン
ティほか七大天使と、優秀な6000人が第一船団で現在
のエジプトのエル・カンターレに降下した。この場所は
ナイル渓谷、三角州の東側に位置しているという。この
エル・カンターレの地を、エデンの園と命名したとされ

る。

◇エデンの園の文明

七大天使の役割は次のようになっている。

1　天使長（ミカエル）

2　通信担当（ガブリエル）

3　法律（ラグエル）

4　政治経済・自治（ウリエル）

5　医学・薬学（サリエル）

6　科学全般（パヌエル）

7　美術・文学・歴史（ラファエル）

　上記の七大天使が中心となり、優れたエデンの園の文明が築かれた。第一船団で降下した人達からは何も問題となることは起きなかった。しかし第二船団から降下した人達の中から問題を起こす人が現れたのである。

(3) 天国と地獄の始まり（高橋信次『心の原点』による）

　第二船団で6000人がエデンの園に降下した。第一船団で降下した優秀な人とは異なり、第二船団で下りた人達は年月の経過とともに、物欲や情欲などに心を奪われ（現代人と同じ）、神の子としての道を外した。その為に道を外した人達はこのエデンの園から追放されて他の地方に移住させられた。移住した地で反省し自分の誤った行為を修正しなくてはならないが、反省も不十分で結局は元の木阿弥で、最初の状態となって年月の経過と共に

天国とは通信を絶ってしまった。これはアダムとイブの
エデンの園よりの追放の原点と言われているものである。
人間は天国にいる時は神に忠実な正しい心を持って生活
しているのに、地上に生まれて肉体を持って生活を始め
ると一から出直しとなり、あの世での心の状態は潜在し、
新しい精神生活となる。

◇暗黒の帝王サタン

　天国のルシエル天使は地上の迷い、悩み、苦痛を感じ
ている人達を救済するために地上に肉体を持ち、名前を
サタンと呼ばれた。しかしサタンは人を救済するどころ
か自分が悪の道へ進んでしまった。使命を果たせなかっ
た。そして死後は地獄に落ちて暗黒の帝王と呼ばれた。
サタンは、釈迦やイエス・キリストの前にも現れている。
・エジプトのファラオ……今から3700年くらい前に
モーセがエジプトに住んでいた。この時のファラオは地
獄の帝王のサタンの支配下に落ちたという。
・インドの釈迦……今から2540年くらい前に、釈迦
（ゴーダマ・シッダールタ〈ブッダ〉）の前に現れたのも
サタンだった。釈迦を邪魔する目的でやってくる。
・イエス・キリスト……今から2000年前に、人々の前
に現れた。

（4）人物紹介

　ここでは、サタンの対極にいる人物について説明して

おこう。

①エル・ランティ

　宇宙船の船長で、3億6405年ほど前にベーター星から
やって来て地球に降下したと言われる。降り立った地は
エデンの園と命名された。

（ⅰ）エル・ランティの各宗教団体での呼び名

　　　　ユダヤ教……ヤハウェの神

　　　　キリスト教※……エホバの神

　　　　イスラム教……アラーの神

　　　　仏　　教……ブラフマン

※キリスト教の一派である「エホバの証人」で使用されている呼
び名のエホバは、ユダヤ教の呼び名のヤハウェの誤読と言われて
いる。

（ⅱ）分霊……エル・ランティは3人の分霊を持ってい
る。この3人はイエス・キリスト、釈迦、モーセで、三
位一体である。

（ⅲ）名前の語頭のエルについて

　エルはLの読みで、LIGHT（光）のLを指していると
言われる。天上界の天使は、名前の後尾にエルが入って
いる。釈迦やイエス・キリストの受胎告知をした天上界
の通信の天使の名はガブリエルだった。他にも天使長の
ミカエル、そして今は地獄の帝王となっているサタンも、
天使だった時の名前はルシエルだった。しかもルシエル
は七大天使の1人でその持っていたパワーは最も強かっ

22

たので、地獄でサタンの直属の7人の魔王も束になって
かかっても勝てないと言われている。

（iv）宇宙の創造主（神）

　大宇宙を支配し、自身の細胞の1つである地球に現れ
ることはない。また誰も見てはいない。アラーの神は人
間の神で、創造主ではない。アラーの神は過去に意識を
拡大して宇宙大にし、創造主の意識と同通したので神の
ような心を持つとされる。したがって創造主ではない。

②エドガー・ケイシー（1877～1945年）

○予言者……予言数1万4000件余り、催眠状態で質問に
受け答えをする。答えを秘書が記録するも、ケイシーは
眠りから覚めた時に答えた内容は覚えていないという。
これは、天使が答えているためと思われる。彼は、自分
の再生を西暦2100年と予言している。

○アカシックレコードの読みとりをした。

　宇宙が始まってから現在までの全記録があることを明
らかにし、地球での映像を読んだ。

○職業……カメラマンと、教会の日曜学校の先生をして
いた。

○透視能力……43年間で8000件以上の透視を行ったと
いう。

○上記以外でケイシーに関する情報

・ケイシーについて書かれている本は100万部以上刊行

されているという。

・彼の指導を受けた何千人もの人々は、彼を霊能者とみていた。

・学歴は小学校卒業程度となっている。

・彼は今のアメリカで最も神秘的人物だという。

・憑依現象は多いが、彼はあまり扱っていない。

・ケイシーの体を借りて、天上界の天使が予言や透視を行っている。

□5　現代からエデンの園までを辿る

　世界各地での多くの洪水や陸地の陥没などの天変地異（7回）などで、人間は文化的生活と原始生活を繰り返してきた。人口も増減してきた。

【年代表】

新生代	現代（2021年）	……世界の人口は約78億人
		○アトランティス文明など。
	―1500万年前	○靴跡の化石がアメリカのフィッシャーキャニオンで発見される。
	―6500万年前	○恐竜が滅ぶ。
中生代		○恐竜に襲われ、逃げ回ったという前世をもつ少女（17歳、ジョウィ・ファベイ）。
	―1億年前	○恐竜全盛。
		○恐竜の壁画が北アメリカで発見される。
	―2億年前	○黄金のネックレス、金や鋼鉄の立方体がシレジア（ヨーロッパ東部）の石炭層で発見される。
古生代	―3億年前	○人骨がソビエト（現ロシア）のオジンツォボで発見される。
		○人類のエデンの園での文明が始まる（スタートは6000人の優秀な人間）
		○蛇が棲息（人類より歴史が古い）
	―5億年前	

〈時代区分〉

○新生代（現代～ 6500万年前）

○中世代（6500万年前～ 2億5000万年前）

○古世代（2億2500万年前～ 5億7000万年前）

□6　アカシックレコード──世界の出来事が、
　　　　　　　　　　　　すべて映像化されている

①地球が始まってからの映像

　人類が初めて地球に宇宙船で降下してから現代の世の中までがすべて映像化されているといわれている。

　映像化している場所は、地球の周囲をとり囲んでいる媒質（アカシャ）とされている。この媒質に記録されているのでアカシックレコードと呼ばれている。地球も生命体であり、人間が記憶装置を持っているように、アカシックレコードを持っているということになる。飛行機も何か事故などがあった時に、備え付けてあるフライトレコーダーやボイスレコーダーを調べることになることは知られている。自動車もドライブレコーダーがあるので、同様に調べることになる。

②アカシックレコードの読み取り

　フライトレコーダーやドライブレコーダーは、それを取り扱いできる人なら読み取ることができる。しかし、アカシックレコードを読み解ける人はほとんんどいない。読み解けるのは超霊能力者のエル・ランティやエドガー・ケイシーなどに限られる。どういう読み取り方をするかというと、それは天上界のアカシックレコードを管理している大天使にコンタクトをとり、必要な情報を

教えてもらうということになっているそうだ。

③過去の迷宮入り事件や行方不明者の解明

・1968年12月10日に府中で発生した3億円事件

・1995年7月30日　八王子スーパーナンペイで3人が銃殺された事件

・2000年12月31日　世田谷一家4人惨殺事件

　これらの真相が知りたいものである。アカシックレコードが読める超能力者はいつ現れるのだろうか?!

□7　人間は自分の過去からの全映像を持っている

（1）驚異！　10回もの前世を語った少女がいた！

　1972年に南アフリカの少女ジョウィ・ファベイさん（17歳）は、何と10回もの前世を語ったという。1回ですらも前世を語れない人が多い中、驚きである。イアン・スティーブンソン（編）・今村光一（訳）『前世を記憶する20人の子供』を参考に、彼女の2つの前世について紹介してみたい。

・恐竜の生きていた石器時代（推定6000万年以上前）

この少女は恐竜に襲われて、必死で逃げ回って図体の大きい恐竜の足の間を通って、岩間に身を潜めたという。

・ローマ時代、女王だった時（BC600年〜 AD1400年く

らい？）、女王としてその権力を乱用した。キリスト教徒達を虐殺したという。また、競技場に何人かの人間を入れて、野獣を送り込んで人間をかみ殺させたという。悪魔のような女だった。しかしそれでも飽き足らず10人もの人間を追加して放り込んだという。女版の殺人鬼だった。

　死後の地獄生活などは思い出せなかったのだろうか?!

（2）現在、世界でも多くの若い男女が前世を語っている！

・世界で2500人以上の若い男女が前世を語っていることが報告されている。

・霊魂不滅や輪廻転生の法則を証明するのが、前世の報告になっている。すべての人が前世を持っているが、思い出し方が分からずに思い出せないでいるだけと思われる。イエス・キリストや釈迦も輪廻転生している。人類が地球にやって来て約3億年、その前の星での生活を考えると、何百、何千回と転生していると考えられる。

・著名人の前世については超霊能力者により明らかにされている。（P59前世と転生を参照）

第2章
死後の世界はどこにあるのだろうか

□1　人間の死後について

　人間の死後についての世間の人々の考えを整理すると、次のようになる。

（1）死後の自分について

①　無になってしまうと思う。

②　肉体も魂も死んで終了すると思う。

③　先祖のいるところへ行くだろう。

④　墓場へ行って過ごすことになると思う。

⑤　眠ったままの状態が続いていくと思う。

⑥　天国か地獄のどちらかの世界に行くと思う。

⑦　透明人間になって、家族を見守ることになるだろう。

⑧　地下へ降りて生活していくことになると思う。

⑨　神様のもとに帰ると思う。

⑩　天へ昇って行くだろう。

(2) 死後に行く世界について

① 死後の世界なんて考えたことがない。

② 人間として地上に生まれたのだから、誕生する前の世界は存在していると思う。

③ 肉体が絶対的存在だと思うので、死んだらすべてが終わり、死後の世界はないだろう。

④ 死後の世界が天国か地獄か言われているが見えない世界なので信じていない。

⑤ 死後、魂は地球を離れて、他の天体へ行ってそこで暮らすと思う。

⑥ この世では善人と悪人は波長が合わない。したがって魂の行くあの世では天国と地獄に分かれることになる。

⑦ この世は肉体と魂の2元の世界、あの世は魂だけの一元の世界。劇場にたとえると、舞台と楽屋の関係になり、あの世は楽屋に相当する。

□2 日本の29教団の説く死後の世界

(1) どんな死後の世界か

1 天国と地獄のある世界（20教団）

2 親元（神）にかえる（2教団）

3 上級霊と下級霊に分かれる

4 この世とあの世の区別だけある

5　極楽があるだけ

6　天国と地獄の考え方はない

7　この世がすべてで、あの世はない

8　神になるか、ならないかになる

9　六道輪廻の世界に入る

　上記より「天国と地獄がある」が70％と最も多いことが分かる。

(2)　29教団の創設された時代

　　○江戸時代（3教団）　　○明治時代（4教団）

　　○大正時代（2教団）　　○昭和時代（20教団）

　上記より「昭和時代」が70％と圧倒して最も多いことが分かる。

(3)　日本の全宗教における信者数の割合

　文化庁の宗教統計調査（令和4年）によると、2020年の宗教法人数は約18万法人である。

　　○神道系……47％　　○仏教系……43％

　　○キリスト教系……3％　　○その他……7％

　　　　　　　　　　　　　　　（小数第1位四捨五入）

　宗教の信者数の合計は1億8000万人を越えて、日本国民の人口よりはるかに多いといわれている。（2020年の文化庁の資料による）

　日本の仏教は、開祖の釈迦の教えではなく宗祖（日蓮、

道元など）の教えを主とする宗教となっている。釈迦が敬遠されている。釈迦の仏教がキリスト教と歩調を合わせ信仰されなくてはおかしくないだろうか。

□3　世界の宗教の説く死後の世界

A　キリスト教

（1）埋葬法……土葬

火葬にすると死者の魂が死んでしまうので土葬にするという。

（筆者注）この理由は五大法則に反している。

（2）死後の魂の行き先

人間は死ぬと肉体も魂も死に至る。この世の終わりに、「最後の審判」によって霊魂は生き返り、天国か地獄に行くかが決められる。

決まったら永遠に天国か地獄に留まるという。

（筆者注）五大法則の1つ、霊魂不滅の法則に反している。

（※「五大法則」に関しては第3章（P52〜）を参照のこと）

（3）聖典……聖書

・世界のベストセラーとなっている

・イエス・キリストは書いていない。その教えが書かれている

・筆を執ったのは40人くらいいるといわれる

・この聖書を80人の人が解釈すると80通りの解釈があるといわれる

・アメリカの大統領の就任式ではこの聖書に手を置いて宣誓し、演説を行っている

・アメリカのカーター元大統領は、この聖書に書かれていることはすべて正しいと信じていると言われる

・一説によると、執筆者の1人であるパウロが聖書の大半を書いているので、キリスト教は別名パウロ教と呼ばれるという。

　(4) キリスト教で間違いが指摘されている事柄

　　①輪廻転生の否定

　　②最後の審判

　　③三位一体（神、イエス、聖霊）

　　④その他

　(5)「この世の終わり」に関して……かつて、ノストラダムスの大予言で1999年に人類が滅亡すると叫ばれて、世の中には死の準備をした人達もいた。しかし結局は何も起こらなかった。人類が他の星へ移住すれば、地上に

は人類はいなくなる。「この世の終わり」というのはそれなら理解されると思う。しかしまだ他の星へは移住しないだろう。

（6）「最後の審判」について……キリスト教の説く、この「最後の審判」は間違っていると世界的霊能力者であるエマニュエル・スウェーデンボルグ（1688 〜 1772年）も著書に記載している。しかし彼の母国のスウェーデンでは彼の著書は異端の書としての扱いで、彼は国民の宗教観を混乱させ害毒を流す狂人とされていたといわれる。物質科学偏重で、心霊科学を無視しているか、理解できていないのかと思われる。なお、スウェーデンボルグはこの「最後の審判」に関しては天国にもあると著している。天国では各種の教育や体験の終了後に行き先が割り振られ、この「割り振り」を「最後の審判」と呼んでいるという。
※「最後の審判」の誤りについては第5章（P91）に詳細を書いたので参照されたい。

B　仏教

（1）六道輪廻の世界……人間はこの世（人間道の1つ）とあの世（5つの道）を輪廻している。

(2) 死後の魂の行き先……5つの道のどれかに行くとされる。天国と地獄に2つに分けると、

◇**天国（天道）**

◇**地獄（阿修羅道、畜生道、餓鬼道、地獄道）**

ただし、上記の他に極楽浄土が無数にある（？）とされる。また、お釈迦様は死後の世界については語っていない。

C　神道

死後については説かれていない

D　世界の宗教の信者数の割合

〇キリスト教……33%　　〇イスラム教……20%

〇ヒンズー教（民族宗教)……13%　　〇仏教……6%

〇新宗教……2%　　〇その他……26%

〈鹿島春平太『キリスト教のことが面白いほどわかる本』より

小数第1位四捨五入〉

□4　死後を一時的に見て来た人々

(1) 臨死体験とは

一時的な死であの世へ行き、生き返る。その時見た体験。世界には、あの世を見た臨死体験者が大勢いる。

① 盲目の女性が何と目が見えた！

死後に肉体から魂が抜け出た女性は、自分の寝ていたベッドの周囲の医者の顔や白衣の看護師の顔、見舞客の顔や服装をはっきり見た。しかし生き返った途端に元の盲目の自分に戻ってしまい見えなくなってしまったという。

〈理由〉肉体の眼は盲目で見えないが、幽体の眼は正常で見えた。

②　著名人の臨死体験者……今東光、藤岡啄也、丹波哲郎、加藤茶、川津祐介（4回も体験したという）、その他大勢。

・加藤茶……死にかけて、あの世の河原に来てしまった。見ると亡くなっているはずのいかりや長介がいた。これはまずいと思って逃げ出したら息を吹き返した。

③　某会社の社長……臨死体験をしてからは多くの人を犠牲にしてきたことを後悔して社長を辞めたという。

④　愛知県50代の女性……2002年に医師から「ご臨終です！」と言われたが、20分後生き返ったという。

⑤　愛知県の62歳の男性……2014年に心肺停止してから何と1時間22分後に生き返ったという。

⑥　アメリカでの生き返った人の人数

　1982年に行われたギャラップ調査によるとアメリカの人口の4％といわれ、800万人と計算される。驚きの人数である。

(2) 臨死体験の研究

○研究者……アメリカの医師レイモンド・ムーディ

バージニア大学哲学科卒（哲学博士）

○出版した本……『かいまみた死後の世界』（1975年）

　臨死体験した150人の証言が書かれている。

「交通事故で車がつぶれて、乗っていた人達が、両足が

ねじれてしまった私の体をひっぱり出そうとしているの

が見えました。あたり一面は血の海でした。（中山善之

（訳）『かいまみた死後の世界』評論社　1989年より引

用）」

□5　人間の死後の儀式

(1) **お迎えの人が来る**……死が近づいている人のと

ころに、死の1週間くらい前にあの世からお迎えの人が

やってくる。お迎えの人は、魂の兄弟のうちから1人、

または友人が選ばれるとされる。

(2) **お迎えの人が来た割合**……42.3％

　366人中155人（仙台市の医師の調査結果）

　私も昔、祖母の病気見舞いに行った時に、祖母が寝床

で、「今ここにお迎えの人が来ている」と言ったことを

覚えている。

(3) 死者のあの世への移送法

　1　坊さんの読経の波動に乗ってあの世へ行く

　2　地上から上空にのびている霊子線を上って行き、自分の波動の合う世界に降りる

　3　その他、自分の友人や、大蛇などで移送している人に頼んで運んでもらう

(4) お通夜

・死者を埋葬する前に、遺体を守り、そのかたわらで一夜をあかす。

・死後硬直の遺体には肉体への執着の念が働いている。そのままでは地獄行きとなるので、死後の行くべきところについてよく言い聞かせてやることが大切。

(5) 埋葬法……宗教、国、民族などによって異なる

　1　土葬（キリスト教、イスラム教、ユダヤ教など）

　2　火葬（日本、台湾、朝鮮、ネパールなど）

　3　風葬（シベリア、ニューギニアなど）

　4　鳥葬（チベットなど）

　5　その他

(6) 葬式のタイプ　（日比谷花壇のデータより）

　1　シンプル葬（76%）……内訳　家族葬（81%）、直葬（19%）

　２　一般葬（21％）……参列者50人以上

　３　大型葬（3％）……参列者200人以上

※参考
・日本人の年間死者数
　　2020年……138万人
　　2040年……（予想）166万人
・葬儀費用……（全国平均）126万円

（7）墓について
○墓は遺体や遺骨を埋葬するために存在している。しかし住みついている地縛霊もいる。
○ネパール人は墓を持たず、死体は火葬して灰を川に流すという。ネパールのルンビニはお釈迦様の生誕地である。
○お釈迦様は亡くなる前に、自分の死体は埋めるだけにするよう弟子に伝えている。何千万円もする墓は必要ないのである。

（8）秋川雅史のヒット曲『千の風になって』……
2006年　訳詞・作曲　新井満
　この歌が全国に流れ、墓の精神的な意味が薄れて、墓の役割は遺骨を埋めるだけという本来の考え方に固定されてきたといわれている。

（9）49日……亡くなった人がこの世とあの世の中間を
さまようとされる期間。ただし、高橋信次著『心の指
針』によれば、釈迦の説法が死後21日で行われていた
ということから、本来は、21日が正しいとされる。実
際には49＝21＋28となっていて、28日はあの世の収容
所での反省などの期間になるといわれる。どれも7の倍
数で表わされている。49＝7×7、21＝7×3、28＝7×
4となっている。理由は不明。21日はこの世の家の棟に
とどまっていてよい日数で、早い人は死後その日のうち
にあの世へ帰るといわれている。いつまでもこの世の別
れを惜しむ人は帰るのが遅くなる。

（10）喪中……喪に服す。この間は次のことを守らな
くてはいけないとされている。
　1　死者の魂をゆさぶる行動をとってはいけない
　2　遺産を処分してはいけない
　3　近親者は祝事、外出、交際などは一定期間控える
　つまり死者の霊がこの世に舞い戻ってトラブルを起こ
さないようにすることが大切。舞い戻ってくるような霊
は執着が完全にとれていないので自縛霊となり、苦界を
歩むことになる。気の毒とは思うが、自業自得なので自
分を恨むしかないだろう。韓国では死者の執着をなくす
ため遺影や位牌は焼却するといわれる。

□6 天国や地獄などのある場所の略図

〈注意〉肉体を持った人間が住んでいる所は地上人間界と地底巨人世界の2ヶ所。それ以外はすべて霊の世界。

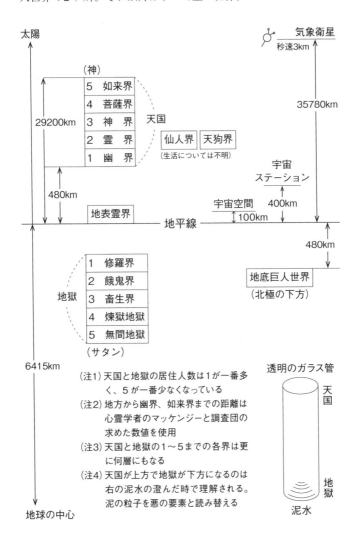

(神)

5	如来界
4	菩薩界
3	神　界
2	霊　界
1	幽　界

天国

| 仙人界 | 天狗界 |

(生活については不明)

29200km

480km

地表霊界

地平線

太陽

気象衛星
秒速3km

35780km

宇宙
ステーション

400km

宇宙空間
100km

480km

地底巨人世界
(北極の下方)

地獄

1	修羅界
2	餓鬼界
3	畜生界
4	煉獄地獄
5	無間地獄

(サタン)

6415km

(注1) 天国と地獄の居住人数は1が一番多く、5が一番少なくなっている
(注2) 地方から幽界、如来界までの距離は心霊学者のマッケンジーと調査団の求めた数値を使用
(注3) 天国と地獄の1～5までの各界は更に何層にもなる
(注4) 天国が上方で地獄が下方になるのは右の泥水の澄んだ時で理解される。泥の粒子を悪の要素と読み替える

地球の中心

透明のガラス管

天国

地獄

泥水

□7　天国や地獄があると言える理由は何か

①　お迎えの人があの世からやって来ている。私自身も祖母から聞いている。

②　地獄の地縛霊（自縛霊）の存在。空地や墓地にいる。私自身数回攻撃されている。世界でも多く報告されている。

③　天国から音楽家フランツ・リストなど20人近くが霊媒のところにやって来て、霊魂不滅を訴え、音楽演奏をしている。（第7章P114参照）

④　世界的な大霊能者であったスウェーデンボルグが30年間にわたって何度もあの世を探訪し、天国や地獄の住人と会い、それらについて報告している。

⑤　霊能者や霊媒が人から依頼されて、亡くなった人を呼び出して語らせる時、天国から来たか地獄から来たかで違いがある。天国からやって来た人は、問題は生じないが、地獄から来た人は暗闇で苦痛に耐えて生きているため、その苦痛が霊能者にも伝わり、霊能者も苦しい中で、亡くなった人も苦しそうに語るという。

⑥　ここで、私自身のことも簡単に記しておきたい。信じてもらえそうもないが、実は私は霊体験が多く、あの世を探訪したこともある。したがって当然天国、地獄の存在を信じている。また、私が住んでいる家の庭や周囲には江戸時代に地獄へ落ちた悪霊が多く住みついていて、

何回も攻撃されてきたので、地獄の存在とその地獄霊の凶悪さを嫌というほど体験させられている。よって特に地獄の存在は私の心の中に常にある。

□8　「天国か地獄」の決め手は　　　　死に際の「想念と行為」

（1）天国へ行くためには

「死に際」、つまり死に至るまでの1週間〜10日間はあの世の天国か地獄行きかを決める最も重要な期間であるとされている。これは平安時代の藤原道長が天国へ生まれ変わりたいがために、死に際に涙ぐましい努力をしていることからも分かる。（第7章P119参照）

　理論的には、10日間ではきついかもしれないが、凶悪な犯罪を多々犯したような人間が心を完全に入れ替えて天使のような心に改心すれば天国行きは可能となる。しかし現実は誰が考えても不可能とするだろう。

　この期間は過去を振り返りよく反省し、八正道などを実践して正しく生きることになると思う。

　◇「馬鹿は死ななきゃ直らない」（二代目広沢虎造の浪曲『清水次郎長伝（森の石松）』より）

　結論から先に言えば「馬鹿は死んでも直らない！」である。慣性の法則でお馬鹿さんのままあの世へ直行となる。

(2) アメリカの心理学者の結論

　この「死に際」に関してはバージニア大学の超心理学研究者イアン・スティーブンソン博士が「死の時の心の状態」が死後へ決定的な影響を与える、と結論付けている。

　言い換えると、心の働きで「思ったり、考えたり、行為すること」が、慣性の法則であの世へ一直線に進んでいく。更に波長共鳴の法則も働き、天国か地獄の波長に合う世界に入ることになる。

□9　死も時間もないあの世

◇死者は時間が止まったままでいる

　あの世の死者に会って話ができるのは霊能者しかいない。霊能者が死者に、「ところで今は何年の何月ですか？」と尋ねると、今は令和の世なのに、死者の返事は「明治15年3月15日に決まっている！」などであると言う。つまり死者は亡くなる時の時間がそのままあの世へ引き継がれ、変わらないでいる。

（1）鎌倉時代に始まった合戦がまだ続いている

1　霊能者が見た箱根仙石原合戦（1962年11月の霊視による）

　武士達が多勢、胄をかぶらずに、黒色の帽子をかぶっ

て、鎧をつけて、手に手に刀や弓や槍を持って、大きな声をあげ、戦っていたという。この多くの武士達は地縛霊となって数百年（600年〜700年）もの間戦っている。その中の大将と思われる男は非常に目付きが鋭く、何かを霊能者に訴えているようだったが、分からなかったという。

2　このような合戦が続いている古戦場はどこにでもあり、外国でも報告されている。

　同じ人間として、霊魂を供養したらと思うが、地縛霊は物分かりが悪いので救済や浄化は大変だと言われている。しかも人数が多すぎる。

(2) 天狗による神隠し

1　トイレから消え、あの世へ。そして20年後戻る

　江戸時代の1751年〜1763年頃、反物商をしていた市兵衛が、下女に連れられてトイレに入り、その後消えてしまった。

　20年後、何と市兵衛が20年前と同じトイレに座っていて、「オーイ！」「オーイ！」と呼んでいたそうだ。天狗にさらわれて戻されたのだった。

2　人間を連れ去る理由

　1800年より以前の時代、仙人界や天狗界の住人が肉体修行の実力テストのために、この世に姿を現し、人間を連れ去った。そこまではよかったが、元の人間に戻す

ことができず（技術が未熟だった?!）、大きな事件になったことがあったそうだ。そのため天上界の大指導霊により、その術を封印されたという。

その後このような事例は極めて少なくなっている。しかしゼロにはなっていない。

3　天狗のいる場所

天狗や仙人の霊が住んでいる場所は、あの世の天国の霊界の反対側にあるとされている。（第2章の図P41参照）

4　天狗の世界を見て来た男、15歳の寅吉少年

国学者の平田篤胤の著書『仙境異聞』にこの寅吉少年にインタビューした記録が記載されているという。

1806年（文化3年）江戸七軒町のタバコ屋の長男として生まれた寅吉は、5、6歳の頃から未来を予知する霊力の天分があった。その霊力に天狗が目をつけた。

寅吉が7歳の時、上野で奇妙な薬売りの老人に出会った。この老人は常陸国、今の茨城県の岩間山の天狗界をたばねる仙人である杉山僧正だった。老人は薬売りが終わると、商売道具をすべて直径10センチほどの小壺に押し込んで、最後に老人自身もその小さな壺の中に入り、壺ごと空高く飛び去ってしまった。

ある日寅吉少年は老人に誘われて一緒に壺に入り、岩間山に連れていかれた。そこには愛宕神社があり、天狗達が住んでいた。しかし、ここを訪れる参詣人は、寅吉

46

を含め天狗達は「見えなかった」と言う。その後5年間、寅吉はその老人から様々なことを教えられ、体験した。

　直径10センチの小壺に人間が小さくなって入り、肉体を非物質化して、どのようにして空中を飛ぶのか、謎である。悪人がこの技術を手にしたら大変なことになる。

（3）世界の消失事件

1　消失したままになっている場合

① 　バミューダ海域での消失事件

　魔の海域と呼ばれる世界最大の消失事件が起きているアメリカのバミューダ海域では、船舶や飛行機、人間が消失している。

○1800年〜1876年……人間228人、船舶32件

○1931年〜1975年……人間930人、航空機32件

　以上は間違いない事実として記録されている（ブラッド・スタイガー（著）・青木栄一（訳）『謎の大消滅』サラ・ブックス）。誰が何の目的で消失させたのか謎である。

② 　走行中の自動車の消失事件（日本）

　1963年11月19日、茨城県の藤代バイパスを走っていた乗用車トヨペット・ニュークラウンが、白い霧がかかったかと思った次の瞬間、忽然と消えてしまったという。

　後続の車の運転手の証言が毎日新聞のコラム「赤でんわ」の欄に掲載された。

③アメリカのテネシー州で農場主が消失した事件

1880年9月23日、農場でデビッド・ラング氏が突然、白い煙を出したかと思ったら消えてしまったという。

2　消失したが戻ってきた事件

①　マニラの城塞を守っていた兵士の消失事件

　1593年12月24日夜、銃を持ち城塞を守っていた兵士ゴンチョ・タニマは眠ってしまったが、目が覚めると何とメキシコシティの大通りに銃を持ったまま倒れていたという。これは瞬間移動（テレポーテーション）といわれるものと思われる。

②　車を走行中白い霧のようなものが現れ消失した事件

　1968年6月1日の真夜中、南米アルゼンチンの首都ブエノスアイレスの道路を走行していたビダル夫妻は、白い霧のようなものが流れて全身が痺れはじめ意識を失った。そして意識をとり戻したら、何と7000キロも離れたメキシコシティの路上にいたという。

　ビダル夫妻のすぐ後方を走っていた友人のローカム夫妻が、消失したのを目撃している。

　※メキシコシティは4次元現象の多発地帯と言われている。理由は不明。

□10　あの世からのテレビ中継は可能か?!

(1) 霊界ラジオ

　アメリカの発明王であったトーマス・エジソンは両親が交霊術の信者だったこともあり、霊界や超常現象に興味を持っていたという。彼は死の15年くらい前から心霊の研究を始めて霊界ラジオの発明に取り組んだといわれる。しかしラジオは完成せず世を去ってしまった。

　※トーマス・エジソン（1847年〜1931年、84歳没）

(2) 霊界テレビ

　水木しげるの漫画『ゲゲゲの鬼太郎』などに登場。しかし、現実にはこのテレビの発明に取り組んでいる人の情報はないようだ。漫画の世界の方が1歩も2歩もリードしている。このまま逃げ切られそうである。

(3) 霊界の一部を空中に映像化

　約2500年前にインドでお釈迦様が弟子達にあの世の一部の景色を空中に映像化して見せたといわれている。お釈迦様の6つの神通力を考えれば誰も納得すると思われる。

〈釈迦の6つの神通力〉

1　天眼通……この世、あの世のすべてを見通せる

2　天耳通……この世、あの世のすべての音、声を聞く

ことができる

3　他心通……すべての人、動物、植物の心を読み取れる

4　宿命通……この世の人の過去、現在、未来を見通せる

5　神足通……意識でこの世、あの世のどこへでも行ける

6　漏尽通……すべての煩悩をなくすことができる

　※釈迦（生没年はBC565年〜BC486年説、BC463年〜BC383年説などあり。80歳没）

□11　閻魔大王（えんまだいおう）

（1）仏教の地獄、冥界の主

　閻魔大王は死者の生前の罪を見抜き、来世の行き先を決める存在である。

・死者が三途の川を渡ると、審判が始まる

・10人の裁判官（十王）がいる

　10人の役割

1　2　3　4 殺生、盗み	5 閻魔大王	6	7 49日 （正しくは21日）	8 百ケ日
9 1周忌	10 3回忌			

※49日で儀式は終了する。図の8〜10は坊さんの都合で行っているもの。

※多くの死者はあの世の収容所に行き、生前の自身の思

念と行為の反省をする。収容所に行かなかった死者や自己反省のできない死者が審判される。

(2) 霊能者の見た閻魔大王の裁き

　天国の最下層の幽界で、この世からやって来た死者（特定の者だけ）が裁かれる。

　建物の中にある舞台の中央の奥に、赤く、黒光りする閻魔大王が座り、その前に数匹の鬼が立っていて、左手から死者がやって来る。皆思い思いの柄や色の服装をして、鬼達にひっつかまえられて、舞台の右手に去るように押して離されるという。

第3章
五大法則とは何か

土居釈信『地獄界の帝王ルシ・エルサタンの陰謀』によると、下記を宇宙の五大法則としている。

1　霊魂不滅の法則

2　輪廻転生の法則

3　カルマ（業）の法則

4　因果応報の法則

5　類は友を呼ぶの法則

これらは誰もが避けては通れない、不可避な法則である。

□1　霊魂不滅の法則

この法則は物理学でいうエネルギー不滅の法則に対応している。

(1) 霊魂とは

人間の肉体の内部に入っている霊魂は目には見えない。霊魂は肉体が死んでも死ぬことはない。霊魂は永遠不滅の存在で、年中無休で一刻も休むことなく働き続けてい

る。人間が睡眠をとる時は、霊魂は肉体から抜け出る。交通事故などで肉体が衝撃を受けた時などは肉体から離れる。霊魂は顔や体形は肉体とそっくりにできている。したがって顔を見れば誰なのか判断できる。

(2) 霊魂の仕組み

　霊魂は物質ではないので、目には見えないが、肉体の内部に入っている。そして肉体を支配している。人間の平均睡眠時間を8時間とすると朝起床してから夜寝るまで、1日（24時間）のうちの約3分の2（16時間）は肉体と霊魂は合体している。（第4章P79のデータ参照）

　①人間＝（肉体＋霊魂）……外側が肉体で内部に霊魂を含んでいる。

　②霊魂＝（幽体＋霊体）……外側が幽体で、内部に霊体を含んでいる。幽体は肉体とそっくりにできている。

　◇　**超霊能力者は幽体で空中飛翔ができて、次のようなことを行える**

（ⅰ）電車や航空機を使うことなく、例えば東京から大阪や海外など離れた場所に移動できる

（ⅱ）地上480キロメートル以上の天国の各層に、また地下にある地獄の各層にも行くことができる。（P41の図参照）

（ⅲ）幽体の肉体への出入りは自由

◇死んだことが分からない死者

幽体が肉体とそっくりにできているので現実と思ってしまう。

1　あの世にいる死者が、「自分はまだ死んでなんかいない。この通りこの体がピンピンしている」と霊能者に答えることが知られている。

2　有名な超霊能力者のスウェーデンボルグは、あの世で、亡くなって15日目になるスウェーデン国王に会った時に、国王が「私はこのように肉体を持っていて、死んでなんかいない、生きているんです」と語ったと言う。

上記から分かるように、死後間もない多くの死者は、死を告げられていない場合はほとんど、「自分は死んでいない」と言っているようである。

(3) 幽霊について

"幽霊とは怪談によく出てくる定番もの"という認識の人が多いのではないだろうか。

よく知られているのが、タクシーの運転手が手を上げている人を乗せたら、いつの間にか消えていなくなった話だ。幽霊は死後21日以内に天国へ行けなかった霊で、悪霊となってこの世に執着を持ち、ゆかりのある場所を彷徨っている。

幽霊は家の壁をすり抜けられるが、物を持つことができずに手はぶら下げたままのあきらめモードになっている。

（4）金縛り

　憑依霊による悪さと言える。この金縛りに遭った人は58％もいるというデータがある。この憑依霊は悪霊で、このような悪霊は日本では世界の中で最も多くいると霊能者から言われている。病院の入院患者にもこの悪霊が憑依していると言われ、何と7割近くの患者が被害に遭っているともいわれる。

（5）人間の記憶

　人間の頭部に入っている脳は五官（眼、耳、鼻、舌、身）からの情報の集積所となっていて、記憶する機能は持っていない。肉体の死によって火葬されて消滅の運命を辿る。記憶を司るのは霊魂の内部にある想念帯である。その記憶は表に出ることなく潜在してしまう。（第4章（P73〜）参照）

（6）臨死体験（第2章P35〜参照）

　車やバイク等の乗り物で交通事故にあった時、肉体が大きなダメージを受けて死に至るが、生き返るまでにあの世でいろいろな体験をする。その体験内容のことを指している。

◇一般人の体験内容

　あの世で知人（死者）に会って話をしたり、あの世の景色を見て来たりしているが、とにかく短時間の出来事

になっている。

◇盲人も見える！

盲人は肉眼では周囲の人々の顔は見えないし周囲の景色も当然見えない。しかし霊魂の幽体は肉体とそっくりにできているのでバッチリ眼は見える。

（7） 分裂症

1人の人間の魂の意識の中に何人もの他人の魂が入り込み、その人の意識を支配してしまうので、人格が次々と変わってしまう。勿論これは波長共鳴の法則によって波長が合わなければ、あの世の霊は入り込むことはできない。

◇犯罪

分裂症の人が犯罪者になった時、罪はどうなるのだろうか。アメリカの裁判では、本人は無罪となり本人の意識に入り込んだ魂を実行犯と断定した判例がある。しかし霊魂を引っ張り出し罰することはできない。

（8） 悪阻現象

医学的にはこの現象の原因はまだ完全には解明されていないと言われる。それは医学では霊魂を扱えないからであり、物質のみが研究対象となっているので必然の結果である。

◇心霊科学的解説

妊娠してからおよそ3ヶ月が近づくと、あの世から生まれる約束を母親としている霊体が、母親とコンタクトを始めて、その後母親の体内に入り胎児を支配しはじめる。ヘソの緒を通して入ってくる栄養成分が、この子供の前世での食の好みと異なると食が進まず、好みの食を求める。そのために母親は吐き気や食欲不振、食の好みの変化を生じるといわれる。

また子供が出生する時、反復する子宮の収縮のために起きる周期的に腹部が痛む陣痛があり、子供を産むのも楽でないことが分かる。

（9）流産

母親が妊娠しても運悪く流産などで、この世に誕生できなかった霊魂は次の出生を待つか、あきらめることになる。人工的に胎児を流産させると罪となる。

流産させられた胎児は、あの世の魂の兄弟がその幼い霊魂を連れて帰り、魂の兄弟に育てられることになるという。

（10）霊魂の重さ

直接は計れないが、各国の学者の調査によると次のように表わされるという。

M（霊魂の重さ）＝（死の直前の体重）－（死後すぐ

の体重）

　（イ）ドイツの学者の結果　M = 35グラム

　（ロ）イギリスの学者の結果　M = 68グラム

　（ハ）オランダの学者の結果　M = 69.5グラム

　この結果はドイツのものは半分なので疑問符がつく。

□2　輪廻転生の法則

　この法則は、物理学では循環の法則と呼ばれている。

(1) 2つの世界

　人間はあの世（幽体の人間の世界）とこの世（肉体の人間の世界）の2つの世界を何回も生まれ変わって生きている。つまり人間は「前世」から「今世」に生まれて来て「来世」へ生まれ変わって、生き続ける。

　人間は肉体と霊魂が合体してこの世で生活している。あの世は、この世で肉体を抜け出して（死の時）、霊魂（幽体）だけになって、生活していく場所（空間）になっている。あの世は天国と地獄の2つの世界で成り立っている。

　人間の意識は90％が潜在意識となっているので過去を思い出すのは難しくなっている。母親から生まれてきた子供を母親の生まれる前まで時間を戻すと、この子供と母親はあの世にいたことになる（霊魂不滅）。つまり

この母と子は霊魂の状態であの世にいたことになり、全くの赤の他人ではなく、この世での母と子になる約束をしていることになる。あの世もこの世もルールがある。妊娠した女性のもとに勝手に霊魂がやって来て入魂することはできない。母親も子供もそれぞれ守護霊と指導霊が魂の兄弟達の話し合いのもと決められているので、勝手なことはできない。「子供は親を選べない」「親ガチャ」などと言われているが、これは誤りである。また、多くの男性は性格の合わない女性に「母親になってほしい！」と頼まないだろう。

(2) 前世と転生（生まれ変わり）

　人間は生まれてくると、日本では市役所に氏名、住所、生年月日等が登録される。逆行催眠術を使って前世を知る方法が知られている。人間は輪廻転生をしているので、必ず前世がある。現代において、世界では前世を思い出せる若者が数千人いるが、一般人は思い出すことは難しい。

1　超霊能力者により明かされた著名人の前世

①田中角栄（元総理大臣）
　前世　斉藤道三（戦国時代の武将）
　2人とも名も無き身より大変な立身出世をした

○田中角栄（1918年〜1993年）

・出身……新潟県の貧農の家に生まれる。小学校しか学歴はない。

・兵役……二等兵として徴兵されて、満州に赴任（21歳）するも1940年に肺炎に罹り、翌年除隊となる。

・政界……1957年39歳で郵政大臣に就任。1972年福田赳夫との凄まじい「角福戦争」を制して自民党総裁に就任。54歳で総理大臣にまでのぼりつめた。同年9月には日中国交正常化を成し遂げた。日本列島改造論を実践して、中央と地方の格差の是正に尽力した。「今太閤」としてもてはやされた。

・ロッキード事件……ロッキード社から5億円の賄賂をもらったことで、進退問題となる。これはユダヤのフリーメーソンの世界統一計画の障害となるために辞めさせられたともいわれる。1976年7月ロッキード事件により逮捕。一審、二審ともに有罪で、上告した。1985年脳梗塞で倒れた。1992年江沢民中国共産党書記が来日の際には顔面麻痺、言語障害でマスコミの前に姿を現した。1993年上告中に死去。

○斎藤道三（1494 ？〜1556年）

・美濃の支配……たった十数年で油売りから美濃（今の岐阜県の南部）の国主に成りあがった。「美濃のマムシ」と称され、北条早雲と並び下剋上の体現者として有名になった。これは父・松波庄五郎との二代でのものと

もいわれる。一生の間に19回も名前を変えて、その度に地位を高めていったといわれる。美濃の支配者となった後、積極的な領土の拡大は行わず、長年争い続けてきた尾張の織田信秀とはその御曹司の織田信長に娘の濃姫（14歳）を嫁がせて和睦している。

・斎藤家の終焉……長良川の合戦で、対立が深まっていた自分の息子の義竜に圧倒的兵力差で敗れ、殺害されたと言われる。斎藤家は三代で幕を閉じた。

②松下幸之助（松下電器　現パナソニック創設者）
　前世　ルカ（新約聖書に登場する宗教家）
○松下幸之助（1894年〜1989年）
・経営方針……人をつくり、人を大切にする
・名言……「松下電器は人をつくるところでございます。あわせて商品もつくっております」
・松下政経塾……私財70億円を投じて設立した
・PHP研究所……所長を務め、折りに触れて仕事や商売、経営、人生について訴えた。
○ルカ（AD100年前後）
『新約聖書』の「ルカによる福音書」、「使徒言行録」の編集者。その中で、パウロは「使徒」ではなく伝道者として扱っている。
「ルカによる福音書」は、イエスが救い主という宗教体験や信仰の告白と喜びの書になっているとされ、ティオ

フィロという人物に献げられている。この書はつまり、
イエスの生涯と弟子達の伝道記録としてまとめられた。

③毛沢東（中国の政治家）

　前世ソクラテス（ギリシャの哲学者）

○毛沢東（1893年〜 1976年）

　湖南省湖漂県の出身。姓は毛で名は沢東。

・経歴……中国共産党を創立、日中戦争、太平洋戦争中
は抗日戦争を指導した。1949年に中華人民共和国を建
国して初代国家主席になる。著作に『新民主主義論』な
どがある。

・語録……「人は己を知る明を持つことを尊しとする」

○ソクラテス（BC470 ?年〜 BC399年）

　自然哲学やソフィストの功利主義に対抗して観念論的
哲学を樹立、国教である多神教を否定して毒杯刑に処せ
られ死亡した。

・語録……「汝自身を知れ！」これは毛沢東の語録とほ
ぼ同じである。

④矢内原忠雄（元東京大学総長）

　前世　ペテロ（イエス・キリストの弟子）

○矢内原忠雄（1893年〜 1961年）

・出身……愛知県

・経歴……1917年東京大学卒業

　1920年東京大学に助教授として就任、1923年教授となる。

　1951年東京大学総長に就任（6年間）

・主な著書……『イエス伝』、『キリスト教入門』、『植民及植民政策』、『マルクス主義とキリスト教』、『余の尊敬する人物』など。

〇ペテロ（生年不明～67年？）

　イエス・キリストの弟子。12使徒の1人。

　使徒の中ではリーダー的存在で、行動力にメリハリがあり人間味あふれる性格だったといわれる。

　イエスが、自分の亡き後の教団のリーダーに指名していたといわれる。

⑤長谷川一夫（俳優）

　前世　徳川家康（江戸幕府の初代将軍）

⑥石原裕次郎（俳優）

　前世　清水次郎長　（幕末～明治初期の侠客）

2　自ら前世を語った歴史上の人物

①ナポレオン1世（フランスの皇帝）

　前世　チャールズ大帝（フランク国王　初代神聖ローマ皇帝）

○ナポレオン1世（1769年〜1821年）

　1804年に皇帝に即位し、ヨーロッパを統一したが、ロシア遠征に失敗し没落。セントヘレナへ流されその地で死去した。

○チャールズ大帝（742年〜814年）

　カール大帝。ナポレオンの生まれる927年前に誕生している。

②上杉謙信（戦国時代の大名）

　前世　毘沙門天（仏法の守護神）

○上杉謙信（1530年〜1578年）

　越後の戦国大名で、武田信玄と5回にわたり川中島で戦った。観音経をサラシに巻いていたといわれる。

○毘沙門天

　仏法の守護神、七福神の1人。

◇いろいろな神様についてまとめると次のようになる

　（ⅰ）格付けすると、如来→菩薩→王→天

　（ⅱ）七福神は、中国の布袋、福禄寿、寿老人、インドの弁財天、毘沙門天、大黒天、日本の恵比須

　（ⅲ）諸天善神は稲荷大明神、大黒天、不動明王、八大竜王、摩利支天など

3　謎！　ケネディ元大統領の生まれ変わり

　1963年11月22日。この日、ケネディ元大統領はジャ

クリーン夫人といっしょにダラスを車で走行中に遠方から銃で狙われて暗殺された。43歳だった。（筆者注：暗殺は何と11年前に予言されていたという。）

　この日はドイツでヨハン・シュラーという男の子が誕生した日でもあった。ヨハン・シュラーは5歳の時、驚くことに、クレヨン画でアメリカのホワイトハウスを描いた。そして何と秘書の名前やジャクリーン夫人のクセも当てたという。更には国家の重要機密書類の置いてあった場所や番号、秘書の金庫を開ける方法までも語り出したという。

　超心理学者のバネルイエー教授は「ヨハン・シュラーは間違いなくケネディ大統領の生まれ変わりとしか考えられない」と結論したといわれる。

　しかし次のような疑問点が生じる。

（ⅰ）「オギャー」と生まれた時からヨハン・シュラーの霊魂と肉体は霊子線（シルバーコード）で固く結ばれているはずなので、ケネディ大統領の魂がヨハン・シュラーの魂を追い出し、霊子線を切断すると、ヨハン・シュラーの肉体と結合できない。

（ⅱ）このヨハン・シュラーという男の子がケネディ大統領の魂の兄弟だとしたら可能性はないこともないが?!

（ⅲ）ケネディ大統領の魂が死後直ちにアメリカからドイツまで行き憑依して語るのは難しいと思う。

◇「生まれ変わり」を信じている人

○科学者……ピタゴラス、コペルニクス、ガリレオなど

○文学者……ゲーテ、ビクトル・ユーゴーなど

　◇信じている人の割合（余暇開発センター調べによる）

○日本人……28％、アメリカ人……24％（財団法人余暇開発センター調べによる）

4　『日本霊異記』に載っている人間の転生

　①生物を殺すとその恨みでキツネや犬に生まれ変わる

　②修行者の修行を妨げて猿の身になった

　※『日本霊異記』は奈良時代の末期から平安時代の初期にかけ完成したと言われる。西暦800年頃か。著者は薬師寺の僧だった景戒。

　人間が動物に生まれ変わることはない。おそらく、「地獄の最大の恐怖に襲われるという無間地獄で、蛇のような心の持ち主が数千年の時間の経過の後、蛇の姿になった。しかし、体内は蛇ではなく人間だ」という話が霊異記に使われたのではないかといわれる。

5　著名人になりすました偽りの転生

　人間は天国からでないとこの世へ誕生することはできないようになっている。地獄からは転生できない。地獄で苦痛と暗黒の中で恐怖に襲われていて、どうやって転生できるのか。母親もいないのに。つまり何も分かって

いない者の口からの出まかせである。困った人達だ。

（例）「オレは三島由紀夫だ！」、「ソビエトの革命家レーニンである！」など。何を考えているのか、レーニンが日本語をしゃべるのはおかしいだろう。

6　暗殺と転生の予言

〇ジーン・ディクソン（1904〈あるいは1918〉年〜1997年　アメリカ）

　ノストラダムス、エドガー・ケイシーとともに世界三大予言者の1人である。3人とも故人で、現在有名な予言者はジュセリーノ（第4章（P83）参照）である。

・暗殺の予言……ジーン・ディクソンが有名になったのは、ケネディ大統領の暗殺を11年も前に予言したことだ。主な暗殺の予言は6件ある。

　①アメリカのルーズベルト大統領（1945年病死）

　②インドのガンジー首相（1947年暗殺）

　③国連のハマーショルド事務総長（1961年事故死）

　④アメリカのケネディ大統領（1963年暗殺）

　⑤ケネディ大統領の弟のエドワード上院議員（2009年病死）

　⑥黒人の指導者キング牧師（1968年暗殺）

〇転生の予言……ジーンの転生の予言は極めて少なく、1件だけである。イエス・キリストがアメリカのシカゴ

に2150年頃に転生するという。処刑されてから約2100年後になるとのことだ。

○転生の計画……私達一般人も皆時間を戻していくとあの世にいたことになり、この世に生まれる計画を立てて出生してきているといえる。

○暗殺の計画……地獄のサタンの計画。サタンはこの世の地獄化を計画していると言われているので、国のトップの善人や平和主義者は邪魔なのだ。地下の宮殿にあるというこの地上をすべて写し出す装置を使い、暗殺計画を立てていると思われる。

□3　カルマ（業）の法則

物理学にある慣性の法則が、この法則に対応している。

○カルマ（業〈ごう〉）……カルマとは主に前世での悪行を指している。とはいえ、善行もカルマに含まれている。慣性の法則で電車について説明すると、走り続けている電車はいつまでも走る。つまりブレーキをかけない限り走り続けて、ブレーキをかけることによって止まる。
　悪に満ちた想念や行為は修正していく努力が必要になる。

○ヒンズー教……インドのヒンズー教の教えでも、カルマは、悪い行い（業）をすると畜生に生まれ変わり、善

い行いをすれば裕福な貴人に生まれ変わるとされている。しかし人間がけだものの畜生に生まれ変わるのは間違っている。人間は人間にしか生まれ変われない。戒めを。

○ジャイナ教……インドにバラモン教が定着する前からあったとされる。開祖は釈迦と同時代の人で、マハービーラと言われる。ジャイナ教では業の束縛から解き放たれて、悟りに達するために、「苦行」と「戒律を守る」ことが重要視されている5つの戒律（五戒）がある。

1　虫も殺さない。小さいアリも避けて通るしかない。踏みつけられない

2　ウソをついたり、バカなことを言ってはいけない

3　盗みをしてはいけない

4　不倫はしてはいけない

5　財産を持ってはいけない。あの世へは財産を持っていけない

○人間の性格……性格は長い長い年月を経て習慣化しているものである。輪廻転生しているので、人生80年どころではない。何千年、何万年、それ以上の人生経験をしている。前述（P19）のように、人類が地球にやって来て約3億年経過していること、地球に来る前の星での人生経験を考えると、理解できると思う。したがって人間の性格は簡単には変えることは難しい。自分の悪い性格を認識したならば、少しずつでもいいから変えていく努力を続けていくしかないだろう。

□4　因果応報の法則

　この法則は物理学の作用・反作用の法則に対応している。

○作用・反作用の法則とは……この法則は教室の前方にある黒板を使い説明できる。黒板を右手のこぶしを使い叩くと、その反動で右手に衝撃が加えられる。その叩くのが「原因（作用）」であり、その反動を受けるのが「結果（反作用）」である。「ニュートンのゆりかご」と呼ばれる振り子やブランコなどもこの法則にしたがって運動する。

○人間の行為と結果……歯磨きを怠って虫歯になったり、よそ見をして転んで足を痛めたり、食べ過ぎて腹痛になったりなど、とにかく「原因」があって「結果」が生じる。

　原因と結果はセットになって廻っている。自分自身がその原因をつくっている。悪い結果を生むような原因をつくらないようにすることが大切なのである。

○仏教……仏教的にはこの因果応報の法則を「因縁」と呼んでいる。縁を使った次のような「ことわざ」がある。

　1　縁なき衆生は度し難し……仏縁のない者は仏様の大慈悲をもってしても救うのが難しいという意味。

　2　縁は異なもの味なもの……交際している男女や夫

婦の縁はどこでどう結びつくのか不思議で面白いというもの。しかし生まれる前に時間を戻すと、交際している男女も、夫婦もあの世にいたことになり、そこで知り合い、今世への約束がされていたと言える。

〇情けは人のためならず……意味を誤りやすい慣用句。情けを人にかけると、その人のためにならないと誤って解釈しがちだが、そうではなくて、情けを人にかけ、例えば親切にしてやると、巡り巡って結局は自分に良い結果が返ってくるという意味である。

□5　類は友を呼ぶの法則

　この法則は物理学では、波長共鳴の法則と呼んでいる。

〇同じ趣味・嗜好……人間社会では趣味の同じ人が集まり会合を持ったりする。また日本酒の好きな人のところには日本酒の好きな人が集まってくる。囲碁や将棋などについても同じように好きな人達が集まる。このように同じ趣味の人達が集まってくるのが、この法則である。
〇共振の波長……物理学では同じ波長の波は重ねると共振現象を起こして、大きな波（振幅が大きい）になる。波長の異なる波は合成すると別の波になる。
〇天国や地獄……人間の意識は年中無休で働き続けている。この世からあの世へ、またあの世からこの世へと永

遠に休むことなく活動を続けている。意識から発せられるところの余波や音波についても、天国の住民と地獄の住人では異なる。天国の同じ階層の人達の波長は類似したもので、地獄の住人の人達も同様である。

〇笑う門には福来たる……いつも明るく、なごやかに笑いの絶えない生活をしていると、自然と生活には苦しみはなく、幸福が訪れる。勿論悪霊などには、波長が異なるために憑依されることはない。

〇泣き面に蜂……不運の状況になっている中で更に苦しみや不幸が訪れること。そういう時は、心の転換をはかっていくことが大切である。

〇弱り目に祟り目……不運に見舞われている中で更に災難に見舞われてしまう。状況が悪い方へと悪い方へと進んでいってしまうこと。人間の霊魂はあの世とこの世を通して生きている。不運が重なる時は、憑依霊についても調べる必要がある。霊は見えないので見逃しやすいが、大きな悪い影響力があるので、悪霊は払い、再びやってこないように処理することが重要である。

第4章
人間の仕組み

□1　人間＝（肉体＋霊魂）

　人間は肉体と霊魂が合体してできている。霊魂が肉体を抜け出る場合は次のような場合になっている。

　①睡眠の時

　②臨死体験の時

　③超霊能力者の行う幽体離脱の時

　④人体に強い衝撃を受けた時　　など

□2　霊魂＝（幽体＋霊体）

　見た目は肉体と同じ。外形は肉体とそっくりで、その内部には霊体が入っている。

◇幽体について

　幽体は五官をもつ。五官（眼、耳、鼻、口、皮膚）を備えていて、顔や体型は肉体とそっくりになっている。夢の中の自分は幽体となっているが、肉体とそっくりなので、現実のことと勘違いする人も多い。

◇幽体を肉体だと錯覚するケースについて

　人間は肉体でのこの世の生活が長いので、死後のあの世でも、死を悟っていない人は自分の体を見て、この世の体だと思い、「自分は死んでいない、生きている」と錯覚する人が多いといわれる。

　幽体の表面の膜は有害な余波や電磁波から身を守るといわれている。

◇霊体について

　霊体には、最も重要な「意識」が含まれている。この意識は、内部に潜在意識（90％）があり、その外側を表面意識（10％、想念帯を含む）が取り囲んでいる。意識の中心に心があり、エネルギーをとり入れるとされている。

○想念帯……表面意識の中にあり、人間の想念や行為を記録するところといわれている。つまり人間の記憶装置である。

□3　魂に兄弟がいた！

　魂には定まった兄弟がいることが超霊能力者により報告されている。

　本体が1人で、分身が5人の必ず6人兄弟となっているとされ、4つのタイプで構成される。

１（本体）男性、（分身）男性５人

２（本体）女性、（分身）女性５人

３（本体）男性、（分身）男性２人、女性３人

４（本体）女性、（分身）男性３人、女性２人

なお、男・女の人数比は12対12で同率となっている。

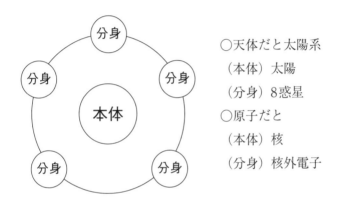

○天体だと太陽系

　（本体）太陽

　（分身）８惑星

○原子だと

　（本体）核

　（分身）核外電子

○原子の世界

　原子核（本体）と核外電子（分身）で構成されている。水素、炭素、酸素の核外電子の数を例示する。

　Ｈ（水素）：１個、Ｃ（炭素）：６個、Ｏ（酸素）：８個

○人体を構成する原子の成分

　Ｏ……65％、Ｃ……18％、Ｈ……10％、その他……７％

○釈迦

（本体）釈迦、（分身）不空三蔵、天台大師、最澄、空海、木戸孝允

宗教家5人、政治家は1人となっているといわれている。
○神（創造主）
（本体）神、（分身）5つのエネルギー（熱、光、電気、磁気、重力）
○人間の身体についてみると、手と足の指はどういうわけか5本となっている。
○2024年現在、太陽系の衛星は800以上あります。以上から分かるようにこの世には単独で存在しているものは何一つないといえる。

□4　守護霊と指導霊は誰にも必ずいる！

◇守護霊

　あの世では6人の魂の兄弟でこの世に出生する順番を相談して決めているという。したがって地上に生まれる魂の守護は誰にするかも相談して決めるとされる。守護霊となった霊魂は、本人の生命をあの世からしっかりと守り、人生の指導に当たるという。しかし、目には見えない存在で、霊能力がなければ見えないし、話をしたりすることもできない。ただし、何かの事情で交信することもあるという。

◇指導霊

　1人に対して1人が選ばれるといわれる。あの世で指導霊を誰にするかを相談するが、魂の兄弟からではなく、

魂の兄弟が親しくしている友達の中から最もふさわしい人を選ぶとされる。指導霊となった霊魂は本人の職業や趣味などについて理解していて、あの世から指導に当たるという。

□5　霊子線（シルバーコード）

目には見えないが命に関わる重要なコード。人間は肉体と霊魂が合体しているが、この肉体と霊魂を結んでいるのが霊子線である。伸び縮みするとされ、幽体離脱して肉体から魂が抜け出しても、自身の体を見て戻るのではなく、コードに引っ張られてアッという間に戻る。

◇霊子線の重要な役割

図のように幽体の後頭部と肉体の両目の中間部上の額の下の部分をつないでいる。幽体の離脱と戻るのを正確に、敏速に行えるようになっている。伸び縮みできる。

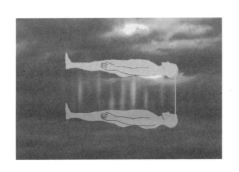

◇魂の交換ができるのは漫画の世界

魂の交換はシルバーコードがある関係上絶対にできない。万が一このシルバーコードを悪魔に切られたら死となってしまう。

漫画などによくある、学生服を着た男子学生とスカートをはいている女子学生が魂を交換するというようなことは、漫画の世界しかできない。現実の人間の社会では不可能である。なぜなら人間の肉体と魂はシルバーコードで結ばれているので、他人の魂を入れることはできないからだ。コードを切ったら命がなくなる。つまり魂が肉体へ戻れない。したがって魂の交換は不可能なのだ。ただし、交換はできなくとも互いの肉体に乗り移ることはできると思われる。

◇盲目の女性

第2章（P35）で紹介した盲目の女性の臨死体験によれば、幽体離脱している間、目は見えていたが、自身の手術台に臥している体を見ることもなく、あっという間に生き返ったという。

◇寝室に寝る母と子

睡眠時には幽体は肉体から抜け出ている。消灯して部屋は暗くとも、子供は霊子線でつながれている自分の体に間違うことなく戻る。母親の体に戻ることはない。

◇胎児のヘソの緒

母親の胎盤と胎児のヘソを結んでいるのがヘソの緒で、

細い管で胎児に栄養や酸素を供給している。この管は命に関わる重要な管であり、10ヶ月余りは使われ、オギャーと子供が誕生すれば不要となり切断される。シルバーコードとは似て非なるものである。

□6　睡眠はなぜ必要なのか

　睡眠をとるのは、霊魂が肉体を抜け出し（幽体離脱）、あの世に行って精神エネルギーを補給するためである。睡眠によって、肉体の疲労は回復に向かい、精神活動に備えるとされている。なお、漢字の「精神」は「神の精（エネルギー）」という意味を持っている。人の心の活動にはエネルギーが必要なので、睡眠は絶対に欠かせない。

　◇**睡眠に要する時間**
　OECDによると、2018年15〜64歳においては、
・日本人……平均7時間22分
・世界……平均8時間27分
　日本人の睡眠時間は、世界の平均値より1時間も短く、世界で日本人は一番睡眠をとらない国民となっている。中でも女性は男性より睡眠時間が短いという。
　なんにせよ、この人間の8時間の睡眠時間ということは、1日の3分の1寝ているということになる。

◇　睡眠時間の短い著名人

1　レオナルド・ダ・ヴィンチ　1.5時間

2　ナポレオン1世　3時間

3　トーマス・エジソン

　　マーガレット・サッチャー（元イギリス首相）

　　　　　　　　　　　　　　　　　　　　4時間

◇動物のおおよその睡眠時間

時間（H）	3	4	7	8	9	10	15	20
動物名	キリン・ロバ	羊・牛・象	イルカ	人間・豚	犬	チンパンジー	リス・猫	コウモリ

◇電動器機の充電時間（参考資料）

・毛玉取り（3.6V）……8時間の充電で2時間超の使用
が可能

・電動バイク（100V、某メーカー）……3時間の充電で
20キロ走行可

・EV自動車（BMW）……1回の充電で650キロ走行可

◇睡眠に関する研究は遅れている

　睡眠は肉体を抜け出た幽体の目には見えないあの世で
の行為で、物質科学では対応は難しいと思う。睡眠する
本人が超霊能力者で、研究する人も超霊能力者としない
と睡眠の実態は明らかにならないだろう。睡眠時間に関
しては食事時間よりは、はるかに長い。また、睡眠をと

らないとフラつくなどして、健康や仕事への影響が大きい。逆に寝過ぎると、「いつまで寝てるんだ！」と怒鳴られ、怠惰だと思われてしまう。昔は受験で「四当五落（5時間も寝ていたら落ち、4時間で合格する）」という合言葉もあった。

□7　夢はなぜ見るのか？

夢は、睡眠でエネルギーの補給を終えた後に、朝方守護霊の働きによって見るとされている。

◇夢のタイプ
1　守護霊や天使などに映像を見せられる。
2　実際にあの世へ行き、あの世の風景を見たり、人と会って会話したり、いろいろと体験する
◇夢の中ではニュートンの運動法則は成立しない
あの世の空間はこの世の空間と共通のもので、死後の魂は幽体で物質ではないので、ニュートンの法則は成り立たない。したがってこの世の生きている人間も幽体離脱すれば死後の魂と同様に運動は可能になる。ただし肉体とは霊子線でつながっている。
夢の中では空中を自由に飛行したり、停止もできる。私は、若い時は夢日記も書いていた。あの世を探訪し、スーパーマンのようには格好は良くなかったが、空中飛

行や停止もやってきた。その中で特に記憶に残っているのが、空中を飛行していると、急に目の前にビルディングが現れて、「大変だ、このままでは衝突してしまう、体を上昇させないといけない」となった時のことだ。だが、上昇できず「ああぶつかる」と思った。しかし何と私はビルディングをすり抜けたのだ。この時私は気付いた。幽霊が壁をすり抜けるのはこのことなんだと体感した。当時、私は肉体と幽体の区別ができていなかった。

□8　夢で有名になった世界の著名人

（1）エマニュエル・スウェーデンボルグ（1688～1772年、スウェーデン）

・18世紀最大の学者……20の学問分野で業績を残した。9ヶ国語を自由に操っていた

・偉大な霊能力者……人生の後半の30年間は夢の中であの世に行き、この世で著名人だった諸々の分野の人物に会い、天国や地獄での生活について本人より実情を聴きとり、また調査して「夢日記」にまとめている

・自らの死の予言の通り亡くなった（1772年3月29日）

・他人の死期を当てたり、数百メートルも離れた火事を見ることができたという

（2）ジュセリーノ・ノーブレカ・ダ・ルース（1960年〜現在活躍中、ブラジル）

・予知夢による予言者。英会話講師

・予言は1万件以上で的中率90％といわれる

・主な的中した事件

1　アメリカの同時多発テロ（2001年9月11日）

　ジュセリーノはこのテロを12年も前に予言していて、1989年10月26日にアメリカ政府に警告書を送ったが無視されたという

2　長崎市長殺害事件（2007年4月17日）

　10年前に予言して1997年7月31日に長崎市長宛てに郵送したが、1年で捨てられたという

・夢の内容の登録……夢で見た内容は公証役場に登録するという

　◇予言はなぜ的中するのか……予言の内容はビルの破壊とか、殺人など、おめでたいことがないように思う。殺人なら10年前に予言し、当日に殺人を行えば的中となる。地獄のサタンの邪魔な人物なら消されることになる

（3）エイブラハム・リンカーン（1809 〜 1865年、アメリカ第16代大統領）

・死の10日前に自分の暗殺される夢を見たという。

　それは何人もの人が悲しんでいて誰かの葬儀を準備しているところで、誰なのかと探すと何と自分だったとい

う。リンカーンは霊感が強かったといわれている。

・1860年、共和党出身の大統領になる

・1863年、奴隷解放宣言をし、南北戦争で北軍を勝利に導いた

・アメリカの原子力空母にエイブラハム・リンカーン号がある。

・リンカーンの言葉「投票は銃弾より強い」

〈余談〉リンカーンといえば思い出すのが、書くのが難しい漢字「憂うつ」の「うつ」の覚え方だ。

「リンカーンはアメリカンコーヒーを3杯飲んだ」というもので、「木木缶ワ米コヒ彡」と覚えて→鬱（うつ）。

　この「うつ」の漢字は29画もあり、書くのも大変だ。漢字に画数の制限はないのだろうか。書く人のことが全く考えられていないと思う。英語のアルファベット（26字）と比べると明白である。

第5章
間違っていた仮説や理論など

□1　ダーウィンの進化論

◇チャールズ・ダーウィン（1809 ～ 1882年　イギリスの生物学者）

・多くの人が「進化論」にまんまといっぱい食わされた。ダーウィンはあの世でこの進化論の間違いに気付いているのだろうか?!

・進化論はダーウィンの言葉の遊びだった。

・1859年に、ダーウィンは22年の研究の末『種の起源』を発表した。その中の「進化」では、類人猿が人間に進化したとしている。まだ科学が未発達の時代のことだった。

・1980年、世界中から多くの生物関係の学者がアメリカのシカゴの博物館に集まり、生物学の会議が開かれて、その中で「進化論」は完全に否定されたという。

・「進化」の誤っている理由は？

1　ダーウィンは時間さえかければ、「リンゴ」はいつかは「オレンジ」になると信じていたという。なぜオレン

ジなのかは不明。現在の品種改良の理論からは否定され
ている。

2　類人猿が人間になるとすると、その中間の生物の化
石はあったのだろうか？　その答えはNOだったのであ
る。何百万という化石を検証したが1個もなかったと報
告されている。

3　進化論の支持者で、あきらめの悪い、ダーウィンの
回し者ではないかとも思える名前のチャールズ・ドーソ
ンという人物が、類人猿と人間の中間の生物の化石を発
見したが、人間の頭とオランウータンの下あごで作った
「ニセの化石」だと後にバレた。

・ダーウィンに関して知られている事柄

1　眼の進化については全く答えられずに、友人への手
紙の中で「眼の仕組み」について問われると、「ぞっと
する」と書いていたという。このことからも「進化」は
デッチあげたとしかいえないのではないか。

2　彼は大学の何と「神学部」に入学している。そして
大学のキリスト教徒から、彼の進化論は神による人類創
造に反していると激怒されたといわれる。

3　彼自身は病弱で弱い人間にもかかわらず、「強い者」
が勝つ「自然淘汰」の適者生存の理論を打ち立てた。

4　彼は働くことはせず、親の遺産で生活していたとい
われる。苦労をしていない男だった。

・「進化論」をたとえていうと、次のようになる

ⅰ　野原に数万個のレンガを積んでおくと、いつかは
ピラミッドになる

ⅱ　上野の動物園の猿は、いつかは人間になり、人に
話しかける

ⅲ　自動車のすべての部品を倉庫に積んでおくと、い
つかは自動車になる

・進化に関する有名な伝説は誤りだった

1「人間の尾骨は猿だった時の尻尾の痕跡である」。こ
れは正しくは、筋肉と骨盤を結合させて骨盤を支える役
目のもの。

2　人間の盲腸は不要になった痕跡器官である

正しくは、化膿防止の役目をしている器官である。

・「進化論」を支持していた著名な学者もいた

ジークムント・フロイト（1856年〜1939年　オース
トリア）

精神病理学者。精神分析学を創始した有名な学者だっ
た。

□2　ビッグバン宇宙論

1948年にジョージ・ガモフによって唱えられた。こ
の宇宙論は「始めは、宇宙はピンポン玉くらいの大きさ
だった。それが大爆発を起こして、この宇宙が誕生し

た」とするもの。

　これに対して定常宇宙論者のフレッド・ホイルが、「あんな理論は自爆ものだ！」と言ったことからビッグバンの名前がつけられたという。

・主な誤っている理由

　1　「宇宙の誕生は140億年前」と唱えているのに、誕生まで1000億年もかかるとされる超銀河団（グレートウォール）が存在するという矛盾が生じる。

　2　物質とはエネルギー粒子が集中し、固体化したものなので、その逆を辿り、時間を遡っていくと、この地球も諸々の星も、すべての物質はなくなり、エネルギーで満たされた空間となる。

□3　相対性理論

　アインシュタインが唱えた理論。間違っていたのは、この中の「光速は絶対で、これを超えられない」というものである。

　ある霊能者によると、アインシュタインは死後にこの理論の間違いに気付き、この世に霊能者を通じて伝えてきたという。曰く、「光速は絶対であるというのは間違いである」と、更に「真空は全くの空ではなく、エネルギーに満ちた空間である」とも付け加えたという。

　アインシュタインは自分の死の少し前にも、生物学者

のアイヴァン・T・サンダーソンには「光速は絶対で、これを超えられないとは言ってない」と光速絶対を否定していたという。なお、タキオンという粒子は光速より速いとされている。

・アインシュタインは、「広島や長崎の原爆投下（1945年）を知っていたら、1905年に発見した公式＊（E ＝ mc^2）を破棄していただろう」と言ったと伝えられる。（E ＝ mc^2 については、第6章〈P99〉に記載）そして、臨終の時にアメリカに原爆を造らせたことを後悔して、あの世へ帰ったという。

□4　弥勒菩薩が56億7000万年後に衆生を救う

　弥勒の記録が、この予言のもとになったとされている。

　マイトレーヤー（弥勒）が「釈尊は2500年後に東のジャブドーバーに生まれる。その時は私達もまた釈尊と共に生まれる。」と記録した。

　しかし、この記録を何者かが勝手に釈尊の部分を削除した。おそらく悟りを得た人はもうこの世へは転生しないと勝手に判断したと思われる。

　イエス・キリストや釈迦も転生をしている。イエス・キリストの前世はアモンと言われ、次はアメリカに出生（2150年頃）と予言されている。有名な予言者のディクソン夫人も、同じように次はアメリカに2100年頃と予

言している。

　また、釈尊「過去七仏」といわれ、7回の出生とその名が記載されている。実際に弥勒菩薩と弟子達は、日本に転生（誕生）したという（高橋信次氏の説による）。

・「過去七仏」とは、原始経典に記録されている7人の仏のこと。7人目が釈迦牟尼世尊で、初代から6人目までは釈迦の前世とされる。初代はヴィバッシー世尊、第2代はシキー世尊、第3代ヴェッサブー世尊、第4代はカクサンダ世尊、第5代はコーナガマナ世尊、第6代はカッサバ世尊、そして第7代が釈迦牟尼世尊となっている。生まれ変わるたびに名前は変わるが、同じお釈迦様の生命となっている。また仏陀の二大弟子についてもウパテッサ（舎利弗）とコリータ（大目蓮）だという。上記から弥勒菩薩が衆生を救うというのは誤りであることは明らかになった。

　また、「56億7000万年後に」という数字もデタラメなことが分かる。地球が誕生して33億年（46億年説も）からすると根拠が何もない。マイトレーヤー（弥勒）はバラモンのバーバリーの下からやって来て、17人の中の1人で、釈迦の十大弟子にも入っていない。17人は男性が13人、女性が4人だった。（高橋信次〈著〉・園頭広周〈編〉『正法入門』による）

　以上のことから。弥勒は釈迦の後継者になる資格がないといえる。

□5　キリスト教の最後の審判

『新約聖書』にある「人間は死ねば肉体と霊魂の両方が死んでしまう。そして最後の審判がやって来るまで、霊魂は死んだままでいる。その後最後の審判がやって来た時に霊魂は生き返り、天国か地獄かの行き先が決定して、そこに永遠に住む」という内容のもの。

　これは明らかに間違っている。これを唱え聖書に書いた人は、霊についても、あの世についても、全くの素人と言わざるを得ない。ナンセンスな内容である。霊魂不滅の法則も無視しているし、全能の神が何でもできるからと、人類を滅亡させて、その後生き返らせるという自分勝手な論法で書いている。

・誤っていると思われる箇所

1　イエス・キリストは十字架で処刑されたが、3日後に霊魂は復活している。つまり霊魂の不滅を実証している。しかし、この最後の審判には霊魂は肉体の死と共に死ぬとしている。これは霊魂不滅の法則を否定しているので間違っている。霊能者をはじめ、多くの人が死後の死んでない霊魂を見ている。霊魂は死なない

2　イエス・キリストは人間であるのに、万能の宇宙創造神として考えられている。そして大量の死者を生き返らせるとしている。未だかつて宇宙創造神は自身の細胞の1つである地球に姿を現していない。宇宙創造神は万

能の神だから不可能なことは何一つない、何でもすべて可能だとして、最後の審判で説いている

3　霊魂は常に肉体と合体しているわけではない。睡眠時は肉体から離れるし、超能力者はいつでも幽体離脱でき、肉体から霊魂を抜け出せる

4　キリスト教やイスラム教の死者の埋葬は土葬なので霊魂は死体といっしょに土の中にあり、死体が朽ち果てても、霊魂はその場所に横たわっていることになる

5　最後の審判の時期も不明。死んだ霊魂の復活も一斉なのか、時期がずれるのかなど不明。とにかく復活するとだけしか分からない

6　天国や地獄の存在している場所も不明。天国や地獄へ行ける条件の違いも不明。輪廻転生を否定しているので、この世への出生はできず、この世の人口は減り続け、あの世（天国と地獄）の霊魂の数は増え続ける。したがってこの地上は人間を除いた動物や植物の世界となり、無秩序の荒れ放題の世界が予想される

□6　天道説

　この説はカトリック教会が強力に支持したために1470年間（140年から1610年まで）信じられてきた。確かに地上の私達には太陽は東から昇り、西に沈むように映るので、信じやすい説ではあった。現在の地動説はコ

ペルニクスや1610年に木星の衛星を発見したガリレオ
によって唱えたとされているが、誤っている天道説が信
じられる以前にもアリスタルコスやヒッパルコスが地動
説を唱えていたが採用されなかった。

□7　無霊魂論、無神論

　龍樹（ナーガールジュナ）は、『般若心経』の中の有
名な語句、「色即是空」「空即是色」の「空」の字を何も
ないと解釈した。しかし、空は無ではなく、エネルギー
とか霊を意味する語である。『般若心経』は原典のサン
スクリット語を漢字に当てはめたため、たったの260文
字（262文字）と短いのに解釈を難しくしてしまってい
る。また釈迦の八正道も抜けてしまっている。龍樹の唱
えたこの説は間違っている。霊魂不滅の法に反している。
龍樹は古代の150年から250年頃の人で、自分の好みに
したがって仏教を取捨選択して、それを仏教の本道のよ
うにまとめた。第2次結集の時に仏教を彼なりに作り変
えたものを今日の『大乗経典』とした。これには「人々
を救うことにより自分も救われる」という内容も入って
いる。

□8 "STAP細胞"

　この「世紀の発見」と言われた万能細胞の1つの
STAP細胞は、イギリスの世界的な雑誌ネイチャーに載
り、日本の各新聞社も大きく報道し、見出しは大きな活
字が躍っていた。しかし、不正が発覚し、一転して間違
いだとされた。

・万能細胞とは何か
　①iPS細胞；発見者はノーベル賞を受賞している京大
　　の山中伸弥教授
　②ES細胞；発見者はイギリスのマーティン・エヴァ
　　ンス、マシュー・カウフマン
　③STAP細胞；発見者は理化学研究所の研究員小保
　　方晴子

・当時の新聞の見出し（2014年2月）
○世界中が絶賛している「STAP細胞」の発見！
○日本人女性に初のノーベル賞の可能性が出る！
○東大、京大、早稲田、慶応の有名大学による小保方さ
んの争奪戦に！

・小保方晴子略歴
　早稲田大学理工学部卒。ハーバード大学に留学。
　当時は30歳で、理化学研究所に勤務していた。
「理系女の星」「かっぽう着の似合う女性」といわれて、
カラフルな研究室で働いていた。

「スタップ細胞はあります。私自身200回以上も成功しています」と断言。

　世界中から賞賛されて、天に舞い上がるくらいの精神の高揚状態から、発見の誤りが発覚し、更に博士号を剥奪されて暗黒の地獄へ落とされてしまった。

第6章
この世は2元の世界になっている

□1　2元論

　この世界は「心」と「物質」の2つから成り立っているという、フランスの数学者のルネ・デカルトが提唱した説である。「我思う故に我あり」は彼の有名な言葉だ。数学でよく使われる「座標」もデカルトが発明している。デカルトは朝目覚めてもフトンの中で考えごとをすると言われるのでフトンの中で座標を考え出したのかも?!

□2　2元の人間

　人間は2元でできていることを表す用語。
　(1) 色心不二（しきしんふに）……仏教用語。人間は「肉体」と「霊魂」が一体となって活動しているという意味。
　　　　○色……色（いろ）として目に見えるもので、物体や物質、肉体など
　　　　○心……心（こころ）。霊魂の意識
　　　　○不二……2つは別々でなく一体である

（2）五臓六腑

　人間の身体（細胞60兆個とその意識）は「五臓」と「六腑」とその各意識から構成される。

　　　○五臓……心臓、肺、肝臓、腎臓、脾臓の5つと支配している各意識

　　　○六腑……大腸、小腸、胃、胆、膀胱、三焦の6つと支配している各意識

　※細胞、五臓六腑の意識とは

　自分の体に向かって「よく頑張ってるね！　ご苦労様！」と言う人がいる。これは体の細胞の意識に対して話しかけているといえる。また、超霊能力者は食べ過ぎる人の胃の意識の訴えを聴くことができる。胃の意識は「私は常時食べ物を送り込まれて大変な思いをしているんです。この者に時間を決めて食べるよう伝えて下さい」などと訴えるという。驚きの内容である。貴方は信じますか？

□3　物質科学と心霊科学

　この世界を解き明かす科学は「物質科学」と「心霊科学」の2つから成り立っている。

（1）物質科学

　物質世界の中の対象について一定の目的や方法で実験や研究により結果を体系的に組み立て、一般法則を見出

し、応用も考える。

　現代の物質科学は、優れた技術を開発した。

・原子力利用の技術

・コンピュータ技術

・医療技術

・バイオテクノロジー

・宇宙開発技術　　など

（2）心霊科学

　イギリスが200年余りの歴史を持ち進んでいる。日本はまだ90年余りの歴史しかない。人間に関しては心霊科学でないと正しく問題解決はできない。

（10の原則）

　①霊魂は不滅で死後も生き続ける

　②霊魂はエクトプラズムを備えている

　③エクトプラズムは幽体を構成し実質と重さをもつ

　④霊魂は有機体で、姿は肉体にそっくりで肉体と同様の機能をもつ

　⑤肉体の死後、霊魂は多層の霊界に居住する

　⑥霊魂と人間の間でコミュニケーションをもてる

　⑦生前に霊魂は霊界を探訪できる

　⑧霊魂の世界と物質世界は有機的関係にある

　⑨霊魂と物質は同一根本から出発している

　⑩霊魂は肉体や物質上に心霊作用を発揮する

□4　物質とエネルギー

(1) 物質とは何か……エネルギーの粒子が集中して固体となったもの

(2) 力と仕事の関係式

　ここでの仕事とは、物体を移動させることである。仕事をW、力をF、力の向きに移動した距離をSで表すと、

　　$W = F \times S = （力） \times （移動距離） = （仕事）$

(3) 物質とエネルギーの変換法則

　　Eをエネルギー、mを物質の質量、

　　cを光の速さ（30万km/s）とする時、

　$E = mc^2$、$E + m = （一定）$となる

　上記は1905年にアインシュタインの発見した公式（相対性理論）である。この公式により以下のことなどが導かれる

・1グラムの物質の持つエネルギーは746Wのモーターを3800年間も回転し続けられる

・太陽が1年間に空間に放出するエネルギーは、2万1000トンの物質をエネルギーに変えた量になっている

・原子爆弾はウラン35の物質を爆発によるエネルギーに変えている

第7章
天国はどこに

□1　天国のイメージ

◇『ヨハネの黙示録』
○天国は「海、死、悲しみ、嘆き、労苦、呪われのもの、夜」のない世界。
○天国がどんなに素晴らしいかはどんな形容詞を用いても表せない。

◇仏教
○極楽浄土と表現されている。
○西方極楽浄土は黄金の大地でできており、宝石で彩られた並木が続いている。池の底には金砂が敷きつめられていて、4色の蓮華の花が咲き誇っている。

◇住人
○心が清らかだった人で心と行為が調和されている。
○職歴、学歴、地位、名誉などは不必要。

◇風景
○遠くに美しい青色と紫色の丘や谷が見える。空は美しく光り輝いている。天国の住人の優れた創造力により創られる風景とされる。

□2　天国のある空間（略図）

　以下は、園頭広周著『高橋信次師こそ真の仏陀であった』を参考にまとめたものである。

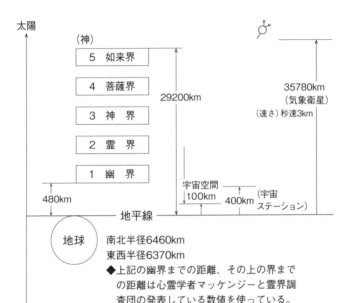

〈天国メモ〉
1　各界は中が高層マンションのように何層にもなっている
2　日本人が住んでいる場所は上空になる
3　天国の住人は幽界が一番多くて天国の全体の1/2の人数といわれる。人数は不明
4　上の界に行くほど人数は減少していく
　　如来界は400〜450人くらいといわれ、菩薩界は如来界よりは多く2万人くらいいるといわれる

□3 天国にはどういう人が入っているのか

5 如来界
・慈悲と愛の塊の人
・肉体の諸現象に惑わされず、いつでも身を捨てられ、神理を説き、宇宙即我を悟っている人
・エル・ランティ、釈迦、イエス、モーゼなど
・1972年時には425人といわれた

4 菩薩界
・正しい法を悟って人々を救った人
・自己の使命を悟って、こだわりのない人
・慈悲と愛を説き実践した人
・聖徳太子、小野妹子、ヘレン・ケラー、シュバイツァー、弥勒、大久保彦左衛門など
・1972年時で約2万人といわれた

3 神界
・善人の学者や科学者
・頭で知的に悟った人
・発明や発見に没頭している人に直観を与える人
・フランシス・ベーコン、アリストテレス、ニュートン、明智光秀など

2　霊界

・自分に足ることを悟った人

・人類は皆兄弟だと悟っている人

・芸術家やスポーツマン

・人数は多くいる。具体的氏名のデータなし

1　幽界

・神仏を信じ、不調和な考えがない人

・間違いなく反省した人

・人に危害を加えたり、困らせたりしない人

・人数は天国の中で最も多いといわれる

○1つの界でもその中は何層にもなっている

○修業の結果レベルアップすれば上層へ上がれる

○上層から下層へ下りられる

□4　天国の人物の紹介

ここでは天国にいるとされる主要な人物を紹介する。

①釈迦（BC563 ～ BC483年、80歳没）

・生誕地は、今のネパールのルンビニ

・本名、ゴータマ・シッダールタ

・父はシュットダーナー国王、母はマヤ夫人

・（受胎告知）天上界の通信の責任者ガブリエル天使より両親に釈迦の誕生が伝えられた（受胎告知）という。（園頭広周『正法と高橋信次師』による）

・29歳で出家し、35歳で悟りを開き、45年間にわたって仏法を説かれた、仏教の開祖である。

・主な尊称

　1　釈迦如来（釈迦牟尼世尊）…この尊称が一番多く使われる

　2　観自在菩薩…般若心経で使われている

　3　薬師如来…薬草の妖精から薬の効能を聞き出し、薬を作れたことによる

　4　多宝如来…潜在意識より宝のような情報を引き出したことによる

・最も有名な教えは「八正道」（第7章P123参照）

・極端な愛欲、難行・苦行、護摩供養を禁じた。

・地獄に落ちない対策として、形あるものへの執着心を捨てることと、煩悩を捨てることを説いた。

・過去七仏の第七代。その前の6人の仏様もすべてお釈迦様の前世で、初代はヴィバッシー世尊とも呼ばれる。（第5章P90参照）

・神の意識と同通し（宇宙即我）、また悟りを得たので、何でもどんなことでも分かるという

②イエス・キリスト（BC32 ～ AD22年　54歳で刑死）

・生誕地は、ユダヤのベツレヘム

・父ヨセフ、母マリヤ

・天上界の通信の責任者ガブリエル天使より両親にイエス・キリストの誕生が伝えられた（受胎告知）という。

・キリスト教の開祖である。隣人愛や神への愛を説いた。聖書に弟子達がイエス・キリストの言葉を載せている。十字架で処刑された3日後に、霊的に復活して弟子達の前に現れたという

・パーティ好きで、気性が激しく、酒が強く肉類をよく食べたという。背は高く181cm、体重77kg、血液型はABと調べられている。

・敵をつくる性格で、容赦なく人の欠点を指摘し、反省を求めたという。

・悪霊が見えるため、「お前はとっとと立ち去れ！」と、取り憑かれた人に向かって言う。

・部屋で教えを説いている途中で、話を聞いてない人に対して、「私の話を聞かないんだったら、この部屋から出ていきなさい！」と言う。

・イエスに対して反感を持った多くの人達と地獄の帝王サタンの謀略とによって、火あぶりの刑にされた。土居釈信『地獄界の帝王ルシ・エルサタンの陰謀』によると、ここは聖書では書き換えられて、はりつけになっているとされる。

・前掲の土居によると、釈迦、モーゼ、イエスで三位一

105

体と呼ばれる。キリスト教の三位一体（神、イエス、聖
霊）は間違っている。
・予言者や超霊能力者によって、イエス・キリストは、
来世は2150年頃にアメリカのシカゴに誕生すると予言
されている。

③モーゼ（BC1300年頃、120歳没）
・イスラエルの予言者。迫害に苦しむイスラエル民族を
指導した。ヤハウェ（神）より十戒を授かり、シナイ山
の上から十戒を垂訓した。モーゼのいた時代は世の中が
混乱していて、人殺しは日常茶飯事のように行われてい
たといわれる。
・土居によると、地獄の帝王サタンに都合のいいように
利用されていたという。サタンにとって悪の世界支配に
は、釈迦やイエス・キリストと同様にモーゼは邪魔な存
在だったのだ。
・『旧約聖書』の「出エジプト記」によると、エジプト
によって奴隷のようにされていたイスラエルの人々を救
うためエジプトを脱出するも、エジプトのファラオの軍
に追われ紅海に追い詰められ絶体絶命のピンチに陥った。
その時にモーゼが奇跡を起こし、イスラエルの人々は救
われた。
・追い詰められたイスラエルの人々の前で、モーゼが杖
を空に向けて振り上げた。するとその途端に何と海が

真っ二つに割れて海底が現れた。そこでモーゼとイスラエルの人々は歩いて向こう岸へ渡ることができた。その後追って来たエジプト軍も海に入ったが、何と海は元に戻り、エジプト軍は全員が海に沈んでしまった（モーゼの奇跡）。

・鈴木旭著『日本超古代文明の謎』によれば、モーゼは日本の能登に上陸し、1425年には2回目の来日をしたという。そして皇祖皇大神宮で41日間の荒行をしたとされる。没した年齢は583歳となっていると記されている。この年齢は付録（P179）の地底人の寿命600〜800歳に近い。

・モーゼの十戒

1　ヤハウェ以外を神としてはならない

2　偶像を造って拝んではならない

3　父母を敬いなさい

4　ヤハウェをむやみに呼んではならない

5　殺してはならない

6　姦淫してはならない

7　盗んではならない

8　安息日を覚えこれを守れ

9　偽証してはならない

10　隣人の家や財産を貪ってはならない

※　1に関しては、神が多すぎるのを何とかしなくては

ならないと思うので強く戒めるべきと思う。特に日本では八百万の神々といわれるように神様の数が異常に多い。1つの分野で最も優れた人を野球の神様とか、料理の神様、漫画の神様……と実に多い。これらは唯一無二の創造主（神）でないことは分かるのでいいが何の神様なのか分からないのは作ってほしくないと思う。

・十戒が作られるまで

　モーゼがイスラエルの民を引き連れてシナイ山の麓に来て、そこでモーゼとアロンの2人は山を登って頂上に辿り着く。その場でヤハウェの神より多くの戒めを聞かされた。それを後の人が初めの戒めと、一番大切な戒めを選んで10もの戒めとし、十戒と呼ぶようになったといわれる。

（注）アロンはモーゼを助けて、モーゼの片腕となった人で、モーゼの兄と言われる。またヤハウェの神は救世主で、神の代理人と言われたエル・ランティの霊の姿と私には思われる。

・モーゼの奇跡は科学的に解明できる！！

（ⅰ）地震の前兆だった……直前に断層の端に亀裂が走り、海水がそこに吸い込まれて海が割れ、遠浅の湾では潮が引いて海底が現れるので、通れた

（ⅱ）火山の噴火……紅海ではなく地中海、エーゲ海のサントリーニ島の噴火で窪地ができ、そこに大量の海水が流れ込み、地中海沿岸に引き潮ができて海底が現れ、

道ができた

（ⅲ）超強力な風が吹く……時速100キロの風が12時間くらい連続して吹くと、深さ1.8メートルの水が後退して地表が現れ、道ができる

（ⅳ）地質の特徴を利用した……風や満ち潮を計算して水位の低い時間に湿地帯の乾いて歩きやすい所を渡った。エジプト軍は湿地帯で身動きできなくなり、満ち潮で海のもくずとなったと考えられる

（注）モーゼの杖は非物質化されて天上界に保存されているといわれる。つまり杖を通して天上界が何らかの働きをしたと考えられる。天上界には宇宙コントロールセンターがあるといわれる。

④聖徳太子（574年〜622年　48歳没）

・本名 廐戸皇子、用明天皇の第2皇子。死後に神格化されて聖徳太子と呼ばれるようになった。若くして亡くなったので天皇にはなれなかった。

・593年に推古天皇の摂政となる

　603年に冠位十二階の制度を定める

　604年に憲法十七条を制定

・憲法十七条は、第一条の「和を以て貴しと為す」で始まっている。

　和の精神がいかに大切かを示している。重要なことは1人で決めてはならない。必ず多くの人々で論議して決めることを強調している。人間は欠点を持つから争いを

起こすようになる。したがって解決策は「話し合いになる」と、そして話し合いで決めた内容は必ず正しくて成功するといっている。

　17（素数）はどこから来たのか、法や神も入ってない不思議な「和」である。

・小野妹子を隋の国への使者（遣隋使）として中国文化の摂取のため国書を持たせて派遣した。しかし、その帰路で隋の皇帝からの返書を奪われるという不測の事態に遭った。小野妹子への流罪を迫る意見のある中、聖徳太子は責任の追及をせず、2回目の派遣を決めた。太子は鬼にならない心優しい人だった?!

・3つの経典の注釈書を執筆した（『三経義疏』）

・旧1万円札の肖像に使われていたので、その姿が日本中に知れ渡っている。またよく知られているように、8人の言うことをいっぺんに聞いて、それを判断できたという。

⑤アイザック・ニュートン（1642年〜1727年）

・近代理論化学の出発点を作った

・物理、天文、数学の学者、イギリス出身

・光の研究をして光の粒子説を発表した。その他には引力の法則、微積分法を発見している。力の単位にはニュートン（N）の名が使用されている。1N＝1kg・m/s^2、これは1kgの物体に1m/s^{2}の加速度を与える力を

求める計算式である。

・死後は国葬となっている。

⑥空海（774年〜835年）

・諡号は弘法大師。

・釈迦の日本人3人の分身の1人、他の分身は最澄と木戸孝允。

・遣唐使として4隻の船で唐へ向かう。先頭の船には最澄が乗り、空海は後に乗船。入唐して密教を学び、帰国して、仏教ではない真言密教を伝えた。日本の史料（『日本後記』）などには、先頭の船に空海とあるが、これは空海の書にはそのような記述はなく誤って伝えられているものと考えられる。

・高野山を開き、816年に法要を行う。2016年に高野山は世界遺産となる。（筆者注）高野山は修行する場所で、ただの山ではない。117もの寺があるといわれる。

・護摩供養や地の神を祭ったりしたことから、釈迦のように悟ってはいないといわれる。独身だが女性関係はあったといわれている。らい病（ハンセン病）で手が不自由になった。40歳から堂にこもり外出しなかったという。61歳で当時の権力と組んだ分派活動の者に鎖鎌で殺害されたという。

・高野山の僧達は1日に2回霊前に食事を供えているという。何と約1200年間の長きにわたって備え続けてい

るという。
・映画『空海』は主演北大路欣也で1984年（昭和59年）4月14日に公開。この映画は空海の入定1150年の記念映画として製作された。
・四国八十八ヶ所の遍路は、空海にゆかりの深い巡礼である。
　第一番の道場から第八十八番の道場までいろいろな仏様が祭られている。
※私がいつも疑問に思っているのは釈迦如来である。
　釈迦如来＝薬師如来＝多宝如来＝観自在菩薩
　この4つの仏様は同一人物なのに別扱いされている。
（第7章P104参照）

⑦良寛（1758年～1831年）
・禅僧、歌人。
・漢詩や和歌、貞心尼による良寛歌集『蓮の露』がある。
・清貧の生活をしていたが、貧しい人達へ寄付をした。子供とも遊び、遊び方を教えていたという。また盗人が入った時、布団を持ち逃げできるようにわざと寝返りをうったと言われている。貧乏でも社会奉仕に生きた僧である。

⑧マルチン・ルター（1483年～1546年、ドイツ、63歳没）

・エアフルト大学で成績が17人の中で2番だったので父親を大変喜ばせたという。親孝行の学生だった！

・故郷に帰る途中で雷に遭い、恐怖のあまり「お願いです！　聖アンナ様お助けください、お助けくだされば私は修道士になって一生をおささげ致します！」と叫んだ。無事に家に辿り着いたが、後にこの誓いを後悔したという。しかし正直者のルターは友人達を招いて別れを告げ、修道院に入った。

・大学の神学教授として、免罪符の販売を批判した。また95ヶ条の意見書を提出し、教皇権を否定した。聖書をドイツ語に訳し、宗教改革を指導した。

・農民戦争では指導者と対立し批判する。大学では新しい福音主義を説き、晩年は著述活動に専念した。

・残した言葉に、「酒、女、歌を愛せぬ者は一生愚か者として過ごすのだ」がある。

□5　天国での生活全般について

　この世と天国とでは生活上でどのような違いがあるのか調べてみた。

・あの世ではニュートンの運動法則は成立しない。この世では地面を踏んで歩くが、あの世では流れるように移動する。空中を飛行することもできる。これはこの世で

は不可能。

・自分の容姿はこの世でのものと同じ、幽体は、肉体と同じようにできている。五官も備わっている。

・自分の欲しいものは自分の想念を使って取り出すことができる。この世では思うだけで物質化できない。

・波長共鳴の法により、親子、兄弟であってもあの世では波長が合わないといっしょに生活はできない。

・天国に永遠に居住はできない。輪廻転生により時期が至れば計画して地上に転生する。

・釈迦やイエスなど天上界の最上階に住む人も転生する。

・年をとらず、若返るとされている。すぐにはできない。

・霊魂不滅の法よりあの世での死はない。

・時間は存在しないので時計はない。

・食べ物・飲み物は、自分の好みのものを自分の想念で取り出し、食べたり飲んだりする。

・経済は、バーター制である。貨幣も使える。天使の世界は何でも得られる

・自分の想念で好みの家を作り住む。想念の弱い人は強い人に頼む。

□6　天国からやって来た音楽家リストの訴え

音楽家などの芸術家の住んでいる世界は霊界。

〇リスト（1811年〜1886年　ハンガリー）

・音楽家、ピアニスト。演奏を聴いて失神する女性もいたという。女性に人気だった。

・亡きベートーベンの銅像を建立した。

・1964年、東京オリンピックの年の10月にリストが日本にやって来て、毎晩ピアノの音が近所に流れ、評判になったという。

・イギリスのロンドンのバルハムに住む女性霊媒師ローズマリー・ブラウンに乗り移ったとされている。

（ⅰ）1923年の7歳の時に、ローズマリーの前にリストが現れて「お前を有名な音楽家にしてやる！」と言ったという。

（ⅱ）BBCの放送では、ブラウン夫人の演奏で天国から来た音楽家達の有名な曲が流された。

　1　多くの音楽家や心霊研究家の監視のもとにブラウン夫人の演奏が始まった。

　2　ブラウン夫人は、ピアノは全くの素人で1人では上手に弾けない。あの世の音楽家がブラウン夫人のもとにやって来て名曲を披露して拍手喝采を浴びたという。

　3　ブラウン夫人のもとに来た音楽家はリストを含め20人だったという。

　4　ショパン、ベートーベン、ブラームスの生前の未発表曲も披露されたという。

　5　その20人の音楽家のうち、名前の分かっているの

は7名で、以下の通りとのこと。

①リスト

②バッハ（1685年～1750年、ドイツ）

③ブラームス（1833年～1897年、ドイツ）

④ベートーベン（1770年～1827年、ドイツ）

⑤ショパン（1810年～1849年、ポーランド）

⑥シューベルト（1797年～1828年、オーストリア）

⑦ドビュッシー（1862年～1918年、フランス）

（ⅲ）なお、ストラヴィンスキー（1882？年～1971年）は、死後14ヶ月後に夫人のもとにやって来たという。

（ⅳ）あの世の音楽家が弾いたレコード

1　ブラウン夫人の体を借りて天国からやって来た音楽家の弾いたレコードは1970年に発売された。ピアノ曲が入っている。

2　音楽家は、亡くなって肉体は滅びても霊魂は不滅で、名曲は音楽家の意識の中にしっかり記憶され、ブラウン夫人を通して披露された。

（ⅴ）リストがこの世にやって来た目的は何か？

1　魂を込めて作った曲は決して滅びることはないと伝えたかった。

2　人間の霊魂は永遠に生き続けること（霊魂不滅の法則）を多くの人達に知ってほしかった。

□7　天国からのこの世への通信・指導

(1) 驚き桃の木‼　天国から未完作品を完成させた！

○チャールズ・ディケンズ（1812年〜1870年　イギリス）

〔作品名〕『エドウィン・ドルードの神秘』（ディケンズは未完成のまま亡くなった）

〔通信日〕死後2年以上が経った1872年の12月25日のクリスマスの日に、アメリカのバーモント州に住んでいた、本もろくに読めなかったと言われる若い男性ジェームスが、あの世のディケンズからの通信をキャッチした。この男性はディケンズとは前世で何らかの関係があったのかもしれない。

〔通信内容〕自分の作品の未完成部分を、完成してくれるようにその文章を通信してきたという。この結果2年5ヶ月余りで『エドウィン・ドルードの神秘』は完成した。まさに神秘的完成を遂げたのである。

(2) 雑用労働者が心霊外科医に大変身‼

〔あの世の医師〕第1次大戦で戦死した医師アドルフ・フリッツ。

〔この世で乗り移られた男性〕ブラジルの雑用労働者のアリゴーは、1943年に夢の中に出て来たフリッツ博士

より「医療技術を授けるので、病気で苦しむ人を見たら助けてやるように」と告げられた。

〔変身したアリゴーが医師に！〕医師の免許を持っていないアリゴーが、1950年から10年間で3万人もの不治の病の病人を救ったという。しかも患者は1人も術後悪化しなかった。毎日数百人の患者が押し寄せて来たが、代金は取らなかったそうだ。残念ながらこのちょび髭の男は1971年に、交通事故で亡くなった。

〔驚くべき手術内容〕手術道具は3つで、手術は3分で終わった！

　現代では考えられない。手術道具は簡単なものでカミソリ1枚、ハサミ1個、ナイフ1個の3つしか使わなかった。更に何と患者に一切手を触れることなく、カルテに脈拍、血圧そして体温を記入したという。カルテにはドイツ語で記入したが、本人は小学校4年までしか学校に通っておらず、当然ドイツ語は習っていない。手術後になると、手術の内容はすべて「覚えていない」と言う。これは手術中、彼の意識があの世のフリッツ博士に支配されていたためと思われる。

〔現代の医師による評価〕アメリカの医学博士バハリック教授は、自分の腕のハレモノを手術させてみて、「現代医学より優れた心霊外科医である」と評価した。

（3）フィリピンの心霊外科医の指先による手術

〔心霊手術者〕トニー・アグバオア（フィリピン、1970年に来日）

　とにかく超驚きなのが、いっさいの手術道具、メスなどを使わず、自分の手の指先だけで患者の腹部を切開して患部を取り除き、手術を終わらせる。終了後は切開した部分の傷跡はすっかり消え、手術前の状態になったといわれる。1970年（昭和45年）には日本にも来ているが、その時は手術の能力は失われていて、イカサマだったことが判明したといわれる。彼は精神の乱れであの世に帰らされたという。彼はイエス・キリストの5人の分身の1人と言われた。

□8　天国に行く努力をした人物

（1）藤原道長（966年〜1027年）

　平安時代の中期に摂政、太政大臣を勤め、この世の栄華を極めた人物である。

　◇藤原道長が実践した天国へ行くための方法

　1　高齢になって死を意識し始めると、寝室の自分の近くに「阿弥陀来迎図」の掛軸を吊るす

　2　掛軸の阿弥陀の手に「5色の糸」の端を貼りつける。

　3　「5色の糸」の一端を藤原道長が持ち、臨終の際に念仏に励む

4　寝姿は北枕にし西向きに伏して息を引き取る

◇阿弥陀（あみだ）とは何者なのか

1　阿弥陀とはイエス・キリストの前世のアモン（約
4000年前にエジプトに誕生）といわれる

2　阿弥陀仏の由来

アモンの名前が西から東へと伝わっていく中で、アモ
ンからアーミーになり更にアミダとなって、日本では仏
を付けて阿弥陀仏または阿弥陀如来とされたといわれる

3　アーメンの意味

キリスト教でこのアモンを賞賛して唱えているのが
「アーメン！」といわれる

(2)　道元（1200年〜1253年）

曹洞宗の開祖で座禅による修行（只管打坐）を考え出
した。重病に際して「法華経」や「如来神力品」の経文
を口に唱えながら死への用意をしたという

□9　天国に行くための各種方法

(1)　念仏を唱える

①「南無阿弥陀仏（ナムアミダブツ）」と唱える。そ
れによって極楽に生まれ変われるとされている。これは
至極簡単に誰でもすぐに唱えられるので、多くの民衆が

実行したと言われる。

　②驚くなかれ、この念仏を何と100万回も唱えた人物がいた！　この人物はお堂の中で念仏を100万回唱えたという。そしてその「百万遍」という地名が京都にできたというので更にびっくり仰天である。

　③「南無阿弥陀仏」の意味
「南無」は帰依するを意味する。したがって阿弥陀仏はイエス・キリストの前世なので、「イエス・キリスト様に帰依し、その教えを実践します」となる。唱えるだけでは功徳は得られない。

(2) 題目を唱える

　①「南無妙法蓮華経」を唱える。

　これによって極楽に往生できると説かれている。仏典の「法華経」に載せられている。

　②この題目に関しては、日本にやって来た留学生が、極楽往生の話を聞いて何と10万回も唱えたという話がラジオで放送されていた。

　③この題目を唱えることを提唱したのは日蓮で、彼は親鸞の「念仏」を批判して、念仏を唱えると無間地獄に堕ちるとした。日蓮は他の宗教も同様に批判した。それは真言亡国、禅天魔、律国賊に表わされている。

　④題目の提唱の矛盾に気付いていない。この題目も念仏と同じで唱えるだけなので、親鸞と同じ間違いを犯し

ている。

　⑤この題目を唱えれば天国へ行けると説いているが、唱えるだけでどうして天国に行けるのだろうか。学校の生徒が「数学を今日から毎日1時間勉強します」を何回唱えても、実際に机に向かって数学の勉強をしなかったら数学の力はつかない。坊さんの読経も全く同じで全くご利益は得られない。

（3）『往生要集』を用い、その内容を実践する

1　仏像以外は見ない

2　お経以外の声を聞いてはいけない

3　天国へ行くこと以外はしゃべらない

4　天使が来訪しているかどうか確認する

5　内省し、悔い改める。過去を振り返り、人に迷惑をかけなかったか、人助けをしたか、仕事を心を込めて行ったかなど（ここが肝心なところ）

（4）宝塚歌劇団のモットーの生き方を実行する

　①「清く、正しく、美しく」生きる（高い目標と思われる）

　②社会生活では守るべきルールをしっかり守り、人には絶対に迷惑をかけず、心を込めて仕事に励む。美意識を持ち、形、音色、色彩に心を配る。人に快く感じられるようにする

　③心を正して生きるのは「八正道」の実践になると思う

(5)「八正道」を実践する

「八正道」とは釈迦が説いた天国へ行く生き方で、これ
を朝起きて夜寝るまでの間に実践する。

　その八つの道は次の通り。

1　正見……正しく見る

　　　○心の眼で見る。第三者の立場で見ているか

　　　○感謝の心を持っているか

　　　○我欲はないか、色メガネで見ていないか

2　正思惟……正しく思う

　　　○恨みや怒りの心を持っていないか

　　　○我田引水をしていないか

　　　○心の中の慈悲と愛を取り出して思っているか

3　正語……正しく語る

　　　○相手の気持ちになって語っているか

　　　○傷つける言葉やきつい表現に気をつけているか

4　正業……正しく仕事をする

　　　○他人に迷惑をかけないようにしているか

　　　○自らの仕事を天職と考えて前向きに努力してい
　　　　るか

　　　○愛と奉仕の気持ちで仕事をしているか

　　　○自分の生活を維持し、人々の生活を支えているか

　　　○この世は魂の修行と自覚しているか

5 正進……正しく道に精進する

　　○人間関係の調和を目指し明るい生活をしているか

　　○正しく考えて行動しているか

　　○努力と実行で潜在意識を開発し日常に役立てて

　　　いるか

6 正命……正しく生きる

　　○人間は1人では生きていけないことを理解して

　　　いるか

　　○地球や太陽の恩恵に感謝しているか

　　○人は分業に勤しみ、分業で生かされていること

　　　を理解しているか

　　○調和ある生活と報恩感謝の心を持っているか

7 正念……正しく念ずる

　　○慈悲と愛の心を持って念じているか

　　○念波は光よりも速く、あの世、心の世界に通じ

　　　ると理解しているか

　　○強い念は弱い念を吸収する

　　○想いの念は心に記録される

8 正定……正しく反省する

　　○上記の1から7までを反省する

　　○人を妬んだり、嫉んだり、恨んだり、誹ったり

　　　など悪感情を抱かなかったか

以上8つを実践し、常に心を正して生活していくので、

大変だと思う。しかし実践すれば、あの恐怖の地獄にだけは入らないと思い、頑張ってやっていくしかない。

(6) 六波羅蜜による修行をする

　お釈迦様の説かれた八正道の8つより2つ少ない六道になっている。心の調和をはかり、六道に励む。

1　布施　余裕があればお布施をする

2　持戒　自分自身を戒め、戒律はしっかり守る

3　忍辱　どのような侮辱や迫害などの苦痛にも耐え忍び心を動かされないようにする

4　精進　善を行い、悪を断つ、一心に仏道の修行をする

5　禅定　座禅をし、心を集中し反省し、瞑想する

6　般若（智慧）　真理、実相を求め知恵を磨く

①六波羅蜜の戒律は、五戒なのか十戒なのか不明になっている。また仏道の修行が入っているので、お釈迦様の八正道の実践でよいものと思う。

②修行と言っても、心で判断して実行に移すことになるので、心を正すことが重要であることは言うまでもない。したがってどうしても八正道で心を正し、実践していくしかないと思う。

(7) 天国の住人にふさわしい想念を持ち、行動する

1　愛と慈悲の心で人に接する

2　奉仕の心で事に当たる。我欲は捨てる

3　笑顔を忘れないようにする

4　真面に人生を送る

5　謙虚な気持を忘れないようにする

6　困っている人を見たら助けられるなら助けてあげる

7　仕事は手抜きせずに、心を込めてする

8　募金などにはできたら協力を惜しまない

9　働き過ぎないように肉体を大切に使う

10　電車で目の前に立つ高齢者にはできる限り席を譲る

11　人に注意する時（禁煙区域での喫煙など）は言葉づかいに十分注意し、相手を怒らせないよう配慮する

12　明るい素直な心で生きる

13　温かい心を常にもつ

14　怒りの心が起きたら抑え静めて、後に残さないようにする。怒りは地獄の想念である

15　貧しくとも真面目に人生を送る

16　忍耐強く、耐える生き方をする

17　学歴、職歴、地位、財産、能力などは、直接天国へ行く条件ではないことを認識する

18　想念と行為はすべて自分の意識の中の想念帯に記録され、永久に保存されることをしっかり認識して行動する

第8章
地獄はどこに

　エデンの園から逃れた人々の中で（第1章P18〜20
参照）人間関係や仕事でうまくいかずに、いつしか心の
中の魔に支配されて生活を送る者が現れる。もともと正
しい想念と行為で生活していても、所詮は、人間は弱い
存在で、人生経験も浅く罪を犯してしまう。このような
者達が死後に地獄の世界をつくり、そこに住みついたと
言われる。

□1「いろいろの地獄」を考える

　地獄は戒めなんかではない、実在している。私は何回
も地獄の悪霊に攻撃された。幸いにも命は奪われなかっ
た（P42参照）。地獄に堕ちない生き方が大切だ。

（1）世間でよく使われる「〜地獄」
・受験地獄　・交通地獄　・借金地獄
・いじめ地獄　・闘病地獄　・誹謗中傷地獄　など

(2) 温泉地に実際にある場所

・地獄谷……温泉の熱湯がふき出していて危険！

(3) 地獄絵……昔は「間引き」をなくすために使われた

(4) 修羅地獄（実在）……闘争やケンカの好きな人が堕ちる

(5)「地獄」を用いた金言や歌詞

・地獄で仏にあう（滅多にあえない?!）

・地獄の沙汰も金次第（お金があれば何でもできる）

・地獄耳（あまりいないのでは?!）

・『さそり座の女』（歌：美川憲一）

(6) 最も恐ろしい地獄は？

　それは火炎地獄である。独裁者などのような大量殺人をした者の入っている地獄。殺されてニコニコしている人は1人もいない。殺された人達の怒り、恨みの念は半端ではない。殺害された人の念が集中して独裁者に向かって放たれる。集中した念が多く炎と化し、独裁者の悪の心のカタマリを燃え尽きるまで燃やし、殺害された人の怒り、恨みの念を心で知るまで続く。それは果てしなく長い。凶悪な人間が真人間になるのは数千年、数万

年後か?!

□2　地獄の恐怖とは何か（因果応報の世界）

　いくつもの苦痛や恐ろしさが絶えず襲ってくる。地獄
の最下層で最大最強の恐怖を受ける。
①苦痛が耐えることなく続く
②暗黒の闇の空間の中に終わるまでいる
③死のない世界なので、耐えるしかない
④地面に毒蛇などがいる世界なので座れない
⑤冷寒地獄では寒さに耐えるしかない
⑥火炎地獄では火の怖さ、殺害された人々の怒り、恨み
を受け、反省させられる
⑦誰も助けに来てはくれない、自業自得になっている
⑧2人以上入っている地獄では、悪魔に投げられたり叩
きつぶされたりして殺されるが、また生き返り、次々と
やられる。やられた本人は弱い相手を見つけ襲う。この
ような繰り返しになっている
⑨あの世は時間のない世界なので反省して心の状態が変
わらないといつまでも同じ状態が続いていく
⑩殺害された人の多くは怒りや恨みの念を持っているの
で、この両方の念をなくす努力をしていかないと地獄生
活は早く終えられない

□3　刑務所と地獄の恐怖の比較

（1）日本の刑務所

・禁固刑（労務なし）　・懲役（有期、無期）

・死刑（絞首刑）……法務大臣の執行許可のサインが得られないと執行できない。死刑制度のある国は2023年9月現在で約56ヶ国

　アメリカのとある州では、受刑者は聖書を読み、次に讃美歌を歌い、「お世話になりました」と礼を述べる。その後2、3歩前に進み、床が落ちて首を吊られ、刑が執行されるという。

（2）北朝鮮の教化所

・独房……動物の檻のように小さく劣悪な環境で、ノミやシラミがわいているという。

・食事……1日1回で少量のため、飢え死にする人が、1日4〜5人はいるという。そのため、ネズミやトカゲの奪い合いになるという。

・労務……毎日の労働が過酷すぎて、1ヶ月に2〜3人は死亡しているという。

（3）江戸時代の裁きの例

・たたきの刑　・江戸所払い　・入牢

・市中引き廻しの上に打ち首獄門でさらし首にされる

（あの世が大変!!　幽体が頭と胴に分離）

（4）あの世の地獄

　……地獄によって恐怖に違いがある

①共通の恐怖内容

　1　暗黒で冷たく光が入ってこない

　2　苦痛が続き耐えていくしかない

　3　自分の体は黒ずんでいるがよく見えない

　4　意識ははっきりしていて、自分を自覚できている

②　更に加えられる恐怖（地獄によって異なる）

　1　冷寒

　2　火炎

　3　足元に毒蛇やサソリがうろつく

　4　うす気味の悪い恐怖感に襲われる

　5　悪臭が漂っている

□4　地獄の各界のある場所（略図）

・地表から地球の中心に向かっていくつもの層の中にある。

・日本人なら自分の住んでいる場所の地下、外国人も同様自分の住む場所の下方になる。

・1つの界でも何層にもなっている。

・地獄は下へ落ちていくほど厳しく、無間地獄が最悪となる。

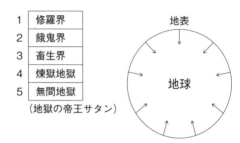

1 修羅界
2 餓鬼界
3 畜生界
4 煉獄地獄
5 無間地獄

（地獄の帝王サタン）

地表

地球

●地獄の各界はサタンの手下達が見張りをしているので逃げられない。

地球の中心へ
（約6400km）

〈地獄メモ〉
1 地獄の世界から人間の世界へ生まれ変わることはできない。天国へ上ってからでないとできない。自分の置かれている状況からできない
2 地獄で居住する時間は（この世の時間で測るが）長い。なかなか反省することができないので長くなっているようだ
日蓮が約700年間地獄に入っていたと言われるので、数百年は当たり前と思われる。特に最下層の無間地獄では多くの殺された人々の怒り、恨みの念を受け、殺害された人が1人残らず天国へ上るまで地獄を出られない

□5　地上に展開している地獄界

(1) 恐ろしい自縛霊（地縛霊とも書く）

1　その正体……主に死亡した場所とか、ゆかりのある

土地や建物にとどまっている悪霊。例えば水死した海岸、戦死した古戦場、殺された家などに、いつまでもとどまっている亡霊。墓場にもいる。自分の住んでいた家に死後も住みついている霊も多くいる。

2　自縛霊になる人……好き勝手に行動し、人に迷惑を掛けたり、自分の欲望のまま生きて来た人や、神の子であることを忘れ、あの世に天国も地獄もあることを知らず人生を終えた人。したがって神の愛と慈悲による光も得られず、目が見えず盲目と苦痛のあの世が始まる。盲目と苦痛は自分に原因があることに気がつかず、長い地獄生活が続く。

3　自縛霊の攻撃による恐ろしさ（私の体験より）

　①自宅のフェンス工事：高校の教師をしていた頃の体験である。業者が工事を行ったが、何もしていない私に自縛霊が憑いた。高校の合宿中、朝食後に急に目がぐるぐると回り出し、気分も悪くなり、同僚の先生の肩につかまらないと歩けない状態となった。たまたま近くにあった診療所に行き治療を受け、点滴を打って2時間近く休み、その後合宿を中断して帰路についた。

　②庭の水道の水漏れ工事：業者が怪我で工事できなくなり私が工事をしたが、その後が大変だった。フェンス工事の時のように目が回りはじめた。しかしこれが半端ではなかった。目の先3メートルくらいのところが直径2メートルくらいで横の回転をするので大変だった。私

の人生で過去にない最大の目を回した事故となってしまった。

　私の住む地域では自縛霊による死者も多い。しかし、死は免れた。私は自縛霊に狙われやすい体質なのか何かよく分からないが、クラス会でも私だけが自縛霊に憑依されることがあった。私の生活している家や庭には多くの自縛霊が住みついていると思われる。私が霊能者なら多くの自縛霊が見えると思うので、たぶん住むのが嫌になって引越しを考えると思う。

(2) 自縛霊による悲劇

①神社のホウの木の祟り（1950年代〜）

　JR中央線の甲斐大和駅の甲府寄り150メートル付近の神社のホウの木の枝が線路まで伸び、列車の運行の邪魔になるので、1953年何人かの駅員がこの枝を伐採した。ところがその駅員達は次々と謎の死亡。その後も夜間作業員達が次々と死亡した。死者は10人以上と言われる。

　1981年に地上から高さ7メートル幅20メートルの防護ネットが張られ死亡事故は収まったという。

②新築のために元の家を解体した時の主人の死

　新しく家を建てる時は元の家は解体される。その解体の時、壊される家に住みついていた自縛霊が腹を立てて、この家の主人を攻撃してくる。そのために亡くなった人

は多いが、ほとんどの場合原因不明で扱われるようだ。

③呪いのイス（1702年〜、イギリス）
・絞首刑になった殺人鬼のトム・バズビの愛用のイスが座った人を次々と殺害していった。
・最初に座った人は呪いのイスとは知らずに座ってしまい、間もなく死亡した。
・ある空軍のパイロットは呪いのイスと言われたにもかかわらず、「そんな馬鹿な！」と言って座り、数時間後に自動車事故に遭い死亡した。
・1989年までに61人もの人間が殺害された。今は、このイスは座れないようにするために博物館に吊るされているという。

④呪いの宝石、ホープダイヤ（1668年〜、フランス王室）
・インドの寺院から盗まれたホープダイヤを宝石商からフランスのルイ14世が高額で買い取った。しかしすぐに病死した。その後呪いの連鎖が始まり、夫人や子の病死、大蔵大臣が殺害される。ルイ16世もあの有名なギロチン台の露と消えた。
・その後手にした人も次々と、自殺、窒息死、落馬死、破産、交通事故死、変死、発狂死となる。1958年にこのホープダイヤはスミソニアン博物館に寄付されて290年にわたる呪いは終了した。

・アメリカの人気女優だったモンローは、このホープダイヤを借りて身につけて映画『紳士は金髪がお好き』（1958年）に出演した。しかし彼女もまたその後謎の死を遂げている。目に見えない殺人鬼は本当に恐ろしい。

⑤アメリカの原住民の「怨念」（1840年〜、アメリカ）
・アメリカの原住民達の土地を巡って、原住民の代表テカムセは政府軍のハリソン大統領との戦いに敗れ、領土を奪われて、その上殺害された。殺されたテカムセや原住民達の恨みの念はすさまじく、怨念と化し、アメリカの大統領に向けられた。そして悲劇は始まってしまった。ハリソン大統領から始まって1840年から20年おきに就任した大統領に悲劇が起きた。
・2000年や2020年には霊能者を使い被害を食い止める努力がなされている。
〈就任年、大統領名とその運命〉
1　1841年……ハリソン1841年　病死（在任期間1ヶ月）
2　1861年……リンカーン1865年　殺害
3　1881年……ガーフィールド1881年　殺害（在任期間約6ヶ月）
4　1897年……マッキンレー　1901年　殺害
5　1921年……ハーディング1923年　病死
6　1933年……F・ルーズベルト1945年　病死

7　1953年……ケネディ1963年　殺害

8　1981年……レーガン1981年　狙撃され、病院で手当て後、助かる

9　2001年……ブッシュ2005年　狙撃されたが未遂

10　2020年……バイデン　運命やいかに（2024年現在無事！）

　なお上記のレーガンは夫婦そろって占い好きで、ジョーン・キグレーなる女の占い師を雇っていた。予言料は毎月42万円といわれる。

□6　蛇の恐怖

　蛇はこの世でもあの世でも半端でない恐ろしさである。

（1）蛇の性質
・執念深く、敵意を抱く。

・やられたらやり返すという、報復攻撃をしてくる。一旦逃げても反撃の機会を狙ってくる。

・人間に対する憎悪の念は特に強い。

（2）主な蛇の種類（私の住んでいる地域のもの）
・青大将……長さ1〜2メートル（日本では最大級）
　　　　　　　　　　暗緑色で背に縦の線（2〜4本）

・縞へび……黄褐色、背に四条のすじ

・毒へびとして2種……やまかがし、まむし。

（3）この世の蛇の報復の怖さ

①私の家の庭へ這って向かって来る蛇を見たので、すぐ棒を持って道路上を叩いて「入るんじゃない！」と叫び声を上げたが、植木の中へ逃げ込まれてしまった。その後30分くらいしてバイクで買い物に行こうと、キックしてエンジンをかけたところ急発進。ブレーキをかけたが、左足をキックの金具でぶつけられた。打撲だけと思っていたらズボンの上からなのに9針も縫う大怪我をしてしまった。

②道路上に這う蛇を中年の女性が捕まえて、何と殺してしまった。その後何日かしてその女性は亡くなった。

③神社の伐採で出て来た蛇を業者の男性が殺してしまった。蛇はどう見てもその姿や動きなどから人間に嫌われる。殺す気持ちは理解できる。しかしその男性は軽トラで帰路に向かう途中、どういうわけか交通事故に遭い亡くなってしまった。

④昔、私の父は畑で蛇を捕獲して、その蛇を近くの知り合いの男性にあげた。すると、その男性は父からもらった蛇をその場で殺して、皮をすべてむいてしまった。家に帰って来た父は自分の足の皮が少しむけ始めているのに気がついた。大したことはないと思っていたが、翌日になると両足の皮がそっくりむけてしまった。父は足が

キレイになってよかったと喜んでいた。

（4）あの世の蛇は、人間に憧れ、人間を支配したがっている

・この世の蛇に比べて動くスピードが遅い。

・人間の憑依される場所は頭、胴、手や足。巻きついて締めつけるので痛みを発生する。それが神経痛やリュウマチといわれる。

・あの世の蛇や地縛霊が取り憑く時間帯は夜中の12時から4時頃までと言われ、取り憑かれると眠れない。

・地球上での蛇の歴史は古く、誕生から約5億年経つといわれる。人間がエデンの園で文明を築いた時が今から約3億年前なので、人間よりはるかに古くて嫌われ者の蛇であるが、人間の大先輩にあたる。

・長い間地獄で修行した蛇は妖術を持ち、知恵もあり、人間の言葉も自由に話せるという。また、蛇は人間を支配したがっているので、人間に取り憑くと、語り屋に変身する。そして「我は不動明王である」とか「我は稲荷大明神である」などと語り、人間が恐れ多いとひれ伏すと、大喜びするといわれる。これらは霊能者により報告されている。このような偉そうな語りは動物霊と気付かないといけないだろう。本物の神様は取り憑かないし、偉そうな言い方はしないだろう。宗教団体の今の教祖の中に何人も神様になっている人がいる。信者はどう思っ

ているのだろうか。

□7　怖い！　キツネによる憑依

・稲荷信仰……日本では昔から稲荷信仰が多く行われている。稲荷神社も約3万社あるといわれる。小さな祠に稲荷大明神を祭っている所が多い。キツネは稲荷大明神の指導の元で、手足となって働いているという。稲荷大明神は五穀豊穣の手助け、情報の収集、心正しき者を助けてゆく、あの世の天使と言われ、100人以上はいるとされるが、霊能者でもほとんど見てないといわれている。キツネは動物なので願い事が叶ったら好物の油あげを祠に供えてやらないと、悪さをされる。稲荷大明神の指導をしっかり守って、いい仕事の手伝いをするキツネばかりでなく、悪いキツネも多い。

・悪いキツネに憑依された人の症状

　波長共鳴の法則により憑依される。誰にでも憑依するわけではない。憑依された人は心を正す必要がある。

①電気でしびれている感じで、頭痛、肩が重い、耳の中で変な音がするなど。

②医者は、血液の循環が悪く、神経痛と診断する。

③霊能者の見たキツネは、肩に乗って尾を振ってその尾で背中をなでているという。

□8　いつ襲来してもおかしくない
大地震・大噴火

（1）地震大国の日本

　日本は地震の多い国で、世界で発生したM6以上の地震の約1/5が日本で起きている。日本の面積は世界全体の約1/500である。

　天災は忘れた頃にやってくると言われるように、地震は人々が恐れるものの第1位となっている。

（2）地震の予知

　残念ながら地震を予知することは不可能とされている。地震や火山の噴火はいつ襲ってくるか分からない。

（3）最近起きた地震・噴火

①東日本大震災2011年3月11日　宮城、福島地方に最大震度7、M8.4（日本の地震観測史上最大）

②令和6年能登半島地震　2024年1月1日　石川、能登地方に最大震度7、M7.6

③トンガ　ハアバイ火山の大規模噴火　2022年1月14日、1月15日　海底火山の噴火　トンガは日本から8000kmも離れているが、日本にも津波が来た！

(4) 日本で起きることが想定されている地震・噴火

①首都直下型地震（M-7以上）

・30年以内に起きる確率70％

・想定死者約6200人、帰宅困難者約453万人

（東京都防災会議2022年5月より）

②富士山の大噴火

・200年周期と言われるが、既に300年経過している。いつ噴火してもおかしくない。

・もしも噴火したら「美しい日本の象徴の富士山」はなくなってしまう。お願い！　噴火しないで！

③南海トラフ地震（M-8）

・100年周期で、2035年が該当するという。

【地震の一口メモ】

　地震は揺れの大きさ（震度）とエネルギーの2つで表している

　①気象庁の震度階級は、0、1、2、3、4、5弱、5強、6弱、6強、7、の10階級。

　②地震エネルギー……M（マグニチュード）で表している。M-6とかM-9.1など数字が大きくなるとエネルギーが大きくなる。

(5) 地震は天災か人災か

・太陽系の惑星は、地球を含めて水星から海王星まで8

つある。この中で唯一人間の住んでいるのは地球だけである。そこが問題である。

・過去には7回もの天変地異があり、アトランティス大陸、ムー大陸、レムリア大陸が沈没して消えたという。なぜなのだろうか。人間が原因とされている。

・地球と他の7つの惑星を比べてみると、地球には約78億人の人間が住み、人間の建設した各種建物が地球に圧力をかけている。またそれ以外に各種波動が合成されて大きな波動となって、この地球に入り込んでいる。人間の邪悪な想念も地球に吸収されていく。

　以上から人間の住んでない惑星では地震は起こってない。したがって人間に原因がある。それは邪悪な波動で地球の本来の波動を乱すので、天上のコントロールセンターで警告もかねて、蓄積された悪のエネルギーを一掃する地震を起こすと考えられる。かつてのアトランティス大陸の沈没は自業自得といえる。

□9　地獄に落ちたのはどんな人か

(1) すぐに怒り出す人

　仏教の心の三毒（怒り、愚痴、貪り）の中で、怒りが最も身体に悪影響を及ぼすことが、実験で確かめられている。

①怒った時の人間の吐く息の実験……人は毒蛇に変身！！

（ⅰ）アメリカの心理学者エルマー・ゲイツ博士が、強く怒った人の吐く息を液体空気の入った溶液に入れ、しばらく置くと、水溶液の下方に栗色の沈殿物ができた。

（ⅱ）この沈殿物を取って水溶液を作り、ハツカネズミに注射した。するとハツカネズミはすぐに死に至ったという。

（ⅲ）計算上1時間ほど強く怒った人間の吐く息は80人くらいの殺傷力がある毒性を持つという。

②人間の吐く息の細胞への影響

　人間の細胞が入れ替わる（核分裂）際に、怒りの念が核酸に働く時は細胞がガン化すると言われる。したがって怒りっぽい人は要注意である。

③地獄の住人

　霊能者が地獄に入って見ると、怒りっぽい霊人が多くいたと言う。この世でも怒った人の周囲にいると毒の息が拡散しているので、それを吸い込むので体に悪いし、気分も悪くなってしまう。

「怒りは無謀に始まり、後悔に終わる」（ピタゴラス）

（2）執着を捨てられない人

①物への執着

　人間は裸で生まれてきて、裸であの世へ帰ると言われる。あの世へ行くにはこの世での執着をすべて捨てなくてはならない掟がある。よくいわれているように「三途の川を渡る手前でこの世のすべての執着を捨てなくては、三途の川は渡れない」。しかし、執着するのが人間の業である。

　女性だったらダイヤやルビーの指輪とかネックレスに愛着する。男性なら高級車とかいろいろあるかと思われる。しかし、この世の物はあの世へ持って行けない。したがってどうしてもこの世に留まり、物に執着し、地獄界を展開することになる。死後にあの世へ持っていくのは「思い、思考したもの」と自身が行った「行為全体」しかない。あの世へ行き収容所で自分の一生の映像を見せられ、反省すると言われる。

②人への執着

　よくいわれるケースに、夫を愛していた妻が突然死に見舞われて、あの世に帰ることなく夫に憑依してしまう、というのがある。そして夫が再婚すると、その後妻に嫉妬し、攻撃する。もう悪霊として困った存在になっている。

　この世での肉体の寿命が終ればあの世へ帰らなくて

はならない掟がある。

　どんなに夫を愛していようとも、夫婦の約束はこの世だけのもので、あの世まではできない。

　掟破りは地獄行きとなっている。掟には逆らえない。

（3）自殺者

・肉体の創造者は神

　肉体は母親から生まれるが、母親が製作したものではない。母親は場所の提供者であり、肉体は神が創造したものである。したがって自殺する（肉体を殺す）ことは神への冒瀆であり、反逆となり、大きな罪となる。

・人生の修業

　人間はあの世からのカルマ（業）をこの世で修正しなくてはならない。ところが自殺することによって修行が止まり途中放棄となると、カルマの修正はできなくなり、地獄に堕ちるので、更に修行は遠のいてしまう。愛と慈悲の神の光に反する行為なので光のエネルギーは失われ、盲目の生活をしなくてはならない。

・宗教の信者

　イスラム教やキリスト教の信者は自殺を禁じられている。自殺すると地獄に堕ちることを知っているので自殺はしないといわれる。

・韓国と日本

　韓国は自殺者が多くて自殺大国といわれている。日本

も自殺者が多い。日光の華厳の滝は自殺の名所と有難く
ない名所になっていて、過去数百人が亡くなっている。

　厚生労働省の統計によると日本の自殺者数は、2021
年は2万1007人で男性1万3939人、女性7068人と男性
の方が多く約66％を占めている。過去自殺者が最も多
かったのは2003年で3万4427人が亡くなっている。

・安楽死

　自分で手を下さなくとも肉体を死に至らしめることは
自殺と同様の罪となる。安楽死の前に病気の原因をよく
調べ、反省することが大切だ。

　合法化されているオランダでは、2016年、人口約
1702万人のうち1年間で安楽死した人数は6091人と
なっている。オランダでは安楽死に関して次のような条
件がある。

　1　自発的意志を持っている

　2　治療法がない

　3　痛みが耐え難いものである

　4　その他

希望者は周囲や医師とよく相談・確認をした後、医師
が致死薬を打つか、患者が医師からの処方薬を飲む。

　アメリカでは3つの州、オレゴン州、ニューヨーク州
とバーモンド州が安楽死を認めている。

・霊能者が見た投身自殺者

　橋から投身自殺すると、落下して肉体は死亡する。し

かし幽体である霊魂は死なない。死んだら人間は「無」となると堅く信じている自殺者は、「自殺したのに俺はまだ死んでない」と思い込み、そこで元の橋の所に行き、再度落下する。しかしまたも死んでいない、死ぬことしか頭になく、橋から落下すれば必ず死に至ると信じているので、何か間違いと思い、あきらめず、橋の所に行き落下する。しかし結果は同じ。これを何度も繰り返すのをよく見るという。

この落下を何年やったらあきらめるのだろうか、霊魂不滅の法に到達できるのだろうか。霊魂は死ぬことはないということを信じてなく、自分勝手に死によって霊魂は死ぬと固く思い込んだ人の悲劇といえる。

(4) 無神論者

あの世は天国と地獄の2つが存在している所である。天国は神が支配している。地獄は帝王サタンが支配している。したがって無神論者の行くべきところは必然的に地獄行きとなる。

・地獄の支配者

約3億年前のエデンの園の文明時、七大天使の1人ルシエルは天使として働くも、堕落して地獄に堕ち、サタンの名前で地獄の支配者となる。大きなパワーを持っていたので地獄で力を発揮した。天国へ攻め込むも敗北し、天使や神に対して反逆心を抱いているという。つまりサ

タンは無神論ではなく有神論者。

・キリスト教徒

　神が宇宙を創造し、人間を創造されたので、キリスト教徒は神を信じ、感謝して生きている。したがって無神論者はキリスト教徒からすると、とんでもない人間になるので、「人間のクズ」「カス」「悪魔」と呼ばれるだろう。しかし何も文句は言えないだろう。キリスト教徒に比べ、無神論者の「無神」の根拠は、何を言っているのか分かりにくいもので、説得力に欠ける。

・共産主義

　共産主義、マルクス主義は無神論となり、これも地獄行きとなる。

　この世は目には見えないが神が支配しているのだから、神の愛と慈悲の心に反する考えは天国には行けないのは当然だ。神が存在するか、しないか、つまり「有神」か「無神」の2つに1つ。しかし、「有神」しかない。姿は見えずとも意識が把えられる。

（5）独裁者

・無神論

　神をも恐れぬ大胆不敵な性格で、部下に殺害を命じる。自分を神や皇帝のような存在に置き、神の愛や慈悲のかけらもない、冷酷非道人間。

・反対者の粛清

絶対権力を用いて自分に反対する者は決して許さず、追放や処刑あるいは毒殺などによって亡き者にする。

・不正な蓄財

　我欲が深く、権力を用いて不正な手段で、お金や土地などの不動産を手に入れる。アメリカの長者は墓場に持っていけないものは寄付などしている。

・無間地獄

　最大の恐怖の地獄を知らない。スターリンやヒトラーなどの独裁者が落ちていることも知らない。

・地獄の帝王サタンの絶好の標的！

　サタンはこの世を地獄化する計画を立てて、部下を使い、実行に移しているとされている。そして力を更に強大にするために、一国のトップ（悪人）には協力的である。当然このトップの配下もサタンの手下が狙うことになる。独裁者に忠実で、悪に染まっている者はすぐに悪魔に取り憑かれて、自由に操られてしまう。そして操られる部下が増えていくと、もう多勢に無勢となり、悪の支配ができあがってしまう。しっかりした人生哲学を持っているか、神を信じて正しい教えを実践していないと悪の仲間に入ってしまうのだ。

(6) 間違った教えを説く宗教指導者

・（スウェーデンボルグの報告）

　多くの宗教指導者や信者が地獄に落ちていると報告さ

れている。

　キリスト教のパウロやイスラム教のマホメット、また日本の霊能者からも、大僧正や元教祖とその信者らが地獄に落ちていると報告されている。

・神になりたがる教祖

　阿含宗、新GLA、幸福の科学などの教祖は、自ら神であると宣言している。中でも幸福の科学の大川教祖は初めは仏陀と宣言したが、エル・カンターレに変わり、そして神になった。そして何と、自身の生誕祭を東京ドームで行い、「私は神である。そしてこの地球を造ったのはこの私である」と堂々と宣言したのである。また別の所では「今世紀中に日本の全国民を幸福の科学の会員にする！」とも宣言している。他にも高額グッズなど問題は多い。こんな人物が教祖に納まっている日本！

・危険な教祖　某仏教系宗教団体の会長は、以前に、会員がGLAという別の団体の教祖の講演を聞きに行ったところ、何とその会員をクビにした。GLAの教祖からクビを取り消すように言われて、復職させたが、その会員は左遷した。この話が広がって、会長はGLAの教祖殺害の脅迫状を出させたという。勿論GLAでは信者が警戒に当たり危機は乗り越えた。こんな教祖、一般会社ではいられなくなるが?!

・動物霊に憑依されている教祖

　多くの教祖はキツネや蛇などの悪霊に取り憑かれてい

ると霊能者の報告がある。悪霊と波長が合うので波長共鳴の法則通り取り憑かれる。人間が動物に支配されている。これでいいのか。

◇間違った教え

1　念仏や題目を唱えさせる

「念仏」は「阿弥陀様の教えに従います」であり、「題目」は「法華経の教えに従います」となっている。「従います」を何回唱えても、実行しなかったら成果は得られない。学校の生徒が「今日から毎日数学を1時間勉強します」と宣言しても、やらなければ成果は表れないのと同じである。声の波動は空中へ散ってゆくだけである。

2　教祖を神格化する

　神は唯一無二の存在だ！　信者は教祖を神に祭り上げる。教祖も神であると宣言する。私はニセモノの神であると宣言しているようなものである。どうしてこんなことが分からないのだろうか。日本には神社が数多くあり、八百万の神々といわれるように神様が全国に溢れている。世界の中でも日本は異常な国と言える。更に拝ませている。世間では、野球の神様、サッカーの神様、漫画の神様など一つの分野で特別に優れた人物に神様の称号を付けて呼んでいる。他にもインドの大日如来だった人を日本に呼んで来てもらった天照大御神、そしてアラーの神

と、これらの神様はすべて宇宙の創造神ではない。

　人間は月へ行ける科学技術力を持つまでになっている。しかしハエや蚊のような小さい昆虫すら造ることはできない。どんな生命体も造れない。したがって「私は神である、地球を造ったのは私である！」と叫ぶような教祖は何も分かってない、動物霊に取り憑かれた狂った人間といえる。

3　献金させる

　宗教にお金は無縁である！

　旧統一教会が多額の献金で問題になっている。この団体は日本から過去35年間にわたって1237億円ものお金を搾取してきたと報じられている。日本に何の恨みがあるかは知らないけれど、もうこのような団体は消滅させるべきで、これ以上悪魔に多くの人々を入信させてはいけない。酷なことを言うと入信する前に宗教のことを勉強してほしいと思う。

4　偶像を崇拝させる

　偶像は人間の作った美術品である。

　イスラム教では偶像は決して崇拝させないことはよく知られている。日本はおかしいのではと思う。

　日本では神社や寺院がそれぞれ8万ずつくらいあると言われているように、異常な数になっている。設置され

ているのは仏像、菩薩像や諸天善神像などである。

　本物の仏や菩薩や諸天善神は天上の世界に住まわれている。仏像は物質で作られた静止している像である。仏像を拝んだり一礼したりして一番喜ぶのは何とあの世のキツネだという。キツネは人間の生活をあの世から見ていて、人間へのあこがれが強い。人間が仏像に拝礼するのを見て、像に取り憑いて人間の拝礼を待っているといわれている。キツネは人間に拝んでもらい神様になった気分でいるのだろう。私達は一番身近にいる守護霊や指導霊のことを考えなくてはいけない。偶像崇拝は意味のない行為である。

5　経典を読誦させる

偽物の教典が多い！

　一番短い経典は「般若心経」で、漢字260文字（あるいは262文字）でできている。2〜3分で読み終える。お釈迦様が弟子舎利子に語る内容、有名な「色即是空」が入っているが、肝心なお釈迦様の八正道が抜けてしまっている。とにかく教典は読誦するものでなく、読んで内容を何が説かれているのか書き出し、それを実行することなのだ。「教典は読誦すれば功徳があり、持っているだけでも功徳がある」という誰かが考え出した間違い伝説がある。困ったものである。

6　先祖の供養を強要する

　先祖と話せる人は多くはいない。本物の霊能者なら先祖を呼び出し、顔を見て、先祖の声を聞き、話ができる。インチキな教団には一人もいないだろう。救われている先祖なら供養はしなくて大丈夫、救われていない先祖、墓場ならいろいろと言って聞かせて納得して帰ってもらう。供養は霊能者（正直で本物）に頼んでもいいと思うが、地獄に落ちた先祖ならインチキ教団では救えないと思われる。

7　ご利益信仰をさせる

　一生懸命に経文を読誦すればご利益があると説かれる。信者は疑問を持つことなく信じ、お経を上げる。仏像を前にしてお経を読誦する僧侶もいる。お釈迦様の説いた教えを、たとえ座像とはいえ唱えるのはおかしくないだろうか。人間は欲が深いのか自力では不安なのか他力を求める。薬は江戸時代なら庶民は簡単に買えなかったといわれるし、医療技術も高度なものはなかったので無病息災の祈願も責められない。自分で努力すれば何も祈願する必要はないものが多い。交通安全、試験合格、家内安全、安産成就、立身出世など、これらを叶えてくれる神様はいない。しかし商売繁盛や五穀豊饒に関しての祈願は別扱いで、数百人いると言われる稲荷大明神が援助してくれると言われている。勿論その際には多数のキツ

ネ達が稲荷大明神の手足となって働くとされる。

8　脱退の阻止

　旧統一教会は脱会者を出さないためにと脅迫の手を使っている。脅し文句は「脱会すると病気になる、そして死ぬ」になっている。恐ろしい教団である。

　昔、私の母のところに来た創価学会の勧誘員が、母が入れないと断ったところ、「近いうちに死ぬことになる！」と捨て台詞を吐いて帰っていったことがある。

9　悪魔除去

　旧統一教会では8時間もの間、信者の体を叩き続けて悪魔を取り除くのだという。悪魔は誰にでも取り憑けるわけではない！　波長共鳴の法則によって悪魔と波長の合う悪の想念の持ち主でなければ取り憑けない。例えばお釈迦様のような心の持ち主には取り憑けない。この教会のやっていることは無茶苦茶だ。何も分かっていない。悪の想念を消し、心を正せば悪魔はいられなくなる。お釈迦様の説いた八正道を実践していれば悪魔は取り憑けない。悪の心に戻れば別の悪魔がやってくるだろう。

10　病気平癒

　先祖の祟りと言ってお経を上げる。何代目の何という先祖なのか尋ねても答えられないだろう。救われていな

い先祖は地獄に落ちるので憑依する場合は少ない。病気
は本人の想念が心の三毒に染まっている場合、体の酷使
や食事、憑依霊などによって起きる。したがって八正道
の実践と腹七分目の食事と適度の運動と休憩に心掛けて
いけばよいものと思う。

(7)　その他　地獄へ落ちる人の特徴

①いろいろの不満を心にため込んだ人

　　　（いやなこと、苦悩、悲しみなど）

②　他人の悪口、いじめ、嫁いびりなどする人

③　増上慢でいばりくさる人

④　ごまかしの愛情で女性を誘惑する好色人間

⑤　殺人、泥棒、詐欺などの犯罪者

⑥　慈悲の心や愛の心が全くない人

⑦　金を貯めることだけに熱心な強欲者

⑧　羨望やそねみを持った自己中心の人

⑨　名声のための表面的記憶の学問に熱心な学者

⑩　冷たくて暗い想念を持っている人

⑪　暴力行為や、虐待をする人

⑫　酒乱で酒グセの悪い人

⑬　富や地位や名誉にこだわりの強い人

⑭　常に体調が悪くて、しかも病気がちの人

⑮　ガンによる死者

⑯　人を怒ったり、そしったりする人

⑰　頑固な人や、やりたい放題の人

（注）上記の内容の程度やその期間（年数）、亡くなる前の1週間くらいの「想念と行為」によって決まるとされている。

□10　地獄の各界と落ちた人の性格

　地獄の各界の略図はP132参照のこと。

（1）修羅界

◇「修羅」はインドの鬼神とされる「阿修羅」を指していると言われる。

・常に闘争することが好きで、他人を攻撃する人

・殺人をする、そして殺人しても平気でいる人

・ウソつき、ケンカ好きで、人を陥れる人

・この修羅界に波長の合う人

　社会に出て「出世」や「栄達」を望んでいる人、また自分だけの片寄った思想を持っていて、相手を攻撃し、決して許さない心の持ち主。各種の政治や宗教の団体に属している人では、組織に忠実で、奴隷となり、組織を大きくすることだけを中心に考えて他の団体に対して排他的であり、攻撃をする人。

・宗教団体の信者

　ほとんどの教団は金集めをしている。宗教にはお金は

一銭も要らないという根本が崩されている。宗教とは何か、信仰とは何かを全く分かっていない。分かっていたら金集めはしないだろうし、間違っている宗教団体には入らないだろう。多くの信者が間違っている教えを信じ、実践して地獄に落ちていることを知ってほしいと思う。

(2) 餓鬼界

　常に「飢え」と「渇き」がつきまとい、悩まされ続けると言われる所である。

・金銭欲が強くて、お金、お金とお金を求め続ける人
・情欲の塊のような人で、次から次と異性を求める人
・お腹がパンパンになっても、飽き足らず食を求める人
・足ることを知らない自我、我欲、自己保存の強い人
・地位や名誉への欲望が強く求め続ける人
・物欲の塊のような人で、人の物まで欲しがる人

　上記のような欲望に狂った人、欲しくてたまらないという心を持ち、その欲望を満たすためには人を不幸にするのも平気な、いわゆる平気の平左衛門といわれる人。いくらお金を持っていても、まだ足りない、もっとお金を集めようとお金を求め続けていく人。使う目的もなく、ただ集めるだけでは意味はない。物質はあの世へ持って行けないことを知るべきだろう。世の中には貧しい人に寄付する人もいる。

　物事には「程々に」とか「適量」などの言葉があるよ

うに、「度を越す」のはアウトなのだ。欲望の暴走は止めなくてはいけない。

　お釈迦様も「極端な愛欲」や「難行」「苦行」を禁じている。人間の本能（物欲、食欲、性欲）も理性や知性などの心の動きでバランスを保たなくてはならない。

（3）畜生界

「畜生」は、鳥、獣、虫、魚の総称となっている。

「畜生」の使われ方には、良いイメージは全くない。怒った時や悔しい時に「畜生！　今にみていろよ！」のように使っている。また、動物の本性が丸出しの人に対しては「あいつは犬畜生みたいだ！」と犬が付けられていて、犬はまわし者やスパイの扱いで、見下げられる。ひどい語句になる。

・愛情を持って自分の子を育てない、人を許すことができない、蛇のような人
・執念深くて、性欲に狂い、キツネのように人をだます人
・他人の悪口を言ったり、ウソをつく人
・自我が人一倍強くて、自己主張も強い人

　超霊能力者によると、畜生界で蛇のような心で長い時間（数千年以上）いると、体全体が蛇の波動で染まっていき、蛇と間違えてしまうくらい蛇に似てしまうと言わ

れる。超霊能力者により蛇のような体を元に戻してもらわなければ、永遠に蛇人間として自分を失い、個性のない物体のような存在となってしまう。神の子とはいえ、神は人間には絶対に介入しない。自己責任で生きているので自業自得である。

　人間に苦しめられて、虐殺されたりして、恨みや怒りの念を持ち死んでいった動物達も畜生界に入っている。ただし、恨みの念など持てない薬殺や事故死は除外される。殺された時の恨みや怒りの念の強弱によって地獄の各界に振り分けられる。したがって人間に可愛がられ大事に育てられた猫や犬などは天国に行く。しかし虐殺された猫や犬は地獄に入る。

　人間に嫌われて殺害された蛇、モグラ、トカゲ、ムカデなどは恨みの念、怒りの念で地獄に落ちるが、数の多い、しかも念の強い蛇が最も地獄では恐ろしい存在となっているようだ。

　人間への復讐の念に燃えている蛇は、地獄に落ちてくる人間を狙い、近づいて来る。そして人間に巻き付き、首を締めつけ、体を引き裂いたり、飛び上がって肉を引きちぎるという。人間が一方的に動物などを殺害しているわけではない。逆に人間が動物や昆虫に殺されてもいる。

　2015年のWHOの資料によると、蚊によって75万人が死に見舞われている。それはマラリアを媒介するハマ

ダラ蚊やデング熱を媒介するヒトスジシマ蚊などによる死者となっている。また、蛇による死者は5万人にもなる。毒蛇による死者がほとんどだが、中でも一撃で水牛を倒すという猛毒のキングコブラ（3メートル級）や人間やヒョウ、ワニを丸呑みするという10メートルのアミメニシキヘビもいる。

（4）煉獄地獄

煉獄地獄は、弱肉強食の世界である。強い者が弱い者をつかまえて殺害してその体を食べる。食べられた者は死から生き返って、今度は自分より弱い者を探してその者を殺して食べるという。周囲は腐敗した臭いが漂い、吐き気を催すといわれる。

・闘争と破壊が渦巻いている人
・子供や女性、善人まで殺害する人
・他人の心をふみにじり、恨まれている人
・多くの人を犠牲にして反省の心のない自分本位の人
・神仏の本性を捨てた人、放火殺人犯

この世でまいた悪の種はあの世では刈り取らなくてはならない。因果応報はあの世で結論が出る。悪徳教組は多くの信者に間違った教えを説き、救える能力もないのに悩める人から多額のお金を貪り取る。そして自分は贅

沢このうえない栄耀栄華の生活に浸って来た。しかしこの地獄に入ったら地上での贅沢な生活から一変し真逆になる。この世界にいる悪魔達に体を食べられる。串刺しにされたり、釜茹でにされたりして食べられる。

　腐敗臭のする環境の中で食べ物は人間だけで、強い者が弱い者を食べる。食べられても生き返る。いつまで続けていくのだろうか。とにかく恐ろしい所だ。

（5）無間地獄

　最も深い所にある地獄で、地獄の中で最大の恐怖に襲われる所といわれる。大きな罪を犯してきた人間の入る地獄となっている。この地獄に落ちると半永久的に出られない冷寒で暗闇、苦痛など、恐怖の種は尽きない地獄になっている。

・大きな国のトップクラスの独裁者

　他国を攻め多くの人達を殺害、しかも女性や子供までお構いなく平気で残虐な方法で殺す。自分の仲間でも気が変わると殺害してしまう。独裁者は多くの人達を殺害しているので、その殺害された人々の恨み、怒りの怨念を受け続け、しかも殺害された人がすべて天国に上るまでの長い期間この地獄から出られないことになっている。

・大きな宗教団体の悪徳教組

　間違っている教えを多くの信者に説いた罪は重く、絶対に許されない。しかも信者は皆神の子。神の子を偽説

で狂わせたので、神への冒瀆で最大の罪となる。

　信者も地獄に落ちる。信者は、なぜ地獄に落ちたのか反省しなくてはいけない。間違った教えも分からず入信したのだから自業自得と言われても仕方ないだろう。無間地獄ではないので、しっかりと反省して、神様に心の中でしっかりとお詫びしていくことになる。

(6) 地獄の帝王サタン

◇サタンの真の姿

　それを知る者は側近の7人の魔王と一握りの者しかいないという。他の者は顔も見られないという。

　サタンの手下は7人の魔王とその手下の小魔王とその下の手下と多くいる。小悪魔は人間界に出て人間を支配している者もいる。また、地獄の見張り役をしている者もいるという。

◇サタンの住む宮殿

　地獄の最も下にある無間地獄のすぐ下に位置している。サタンは宮殿の大広間にいて、そこが常駐場所になっていると言われる。この場所から手下に指令を出している。床やカーテンは赤色で統一されているという。赤色は「闘争と破壊」を象徴する色とされている。宮殿の中には、かがり火が焚かれているが、暖かさはなくて冷たい霊気が漂っているという。

　サタンの一番の愛弟子、美女アステリアや他の美女達

がサタンの身の回りの世話をしたり、話し相手になっているといわれる。

◇水鏡

サタンの宮殿の大広間の祭壇には、水鏡が設置されている。この水鏡は科学技術の粋を集めて造られたもので地球上での出来事や住んでいる人々の心の中・動きまで読み取ることができる恐ろしい装置になっている。

◇7人の側近

サタンはかつて七大天使の1人であった。そのことを思い出して側近を7人で固めたのではないかといわれる。中国の共産党の習近平主席も7人の政治局常務委員を側近に置いて、組織はピラミッド状になっている。

昔から7についてはラッキーセブンと呼ばれ幸運を呼ぶ数字になっている。七福神も縁起がよいとされている。

◇天国への攻撃

かつてサタンは地獄の全勢力を結集してミカエル天使長のいる天国へ攻撃をかけたが、敗れた。総計4回も攻撃をかけて敗れてしまったので、その恨みや憎しみは未だに消えることはなく、神や天使への激しい憎悪に燃えているのだという。

◇サタンの能力

その能力とパワーは群を抜いているといわれる。

①1万人ほどの集団に催眠術をかけられる

②次元を越えてどこへでも出現できる

③膨大な知識量を持っている

◇サタンの野望

　地球を地獄化して、地獄の住人を増やし、地球上のすべての人類を支配するという野望を持つ。支配することに全勢力を注いでいる。狙った人物をよく調べて、心を酔わせて喜びを与え、狂わせてから支配していくとされる。

◇サタンの狙う人物

　サタンが狙うのは世界の大国のトップや各種団体の長である。また、サタンの地獄化計画で邪魔になる大物は平和主義者だ。この地球が平和になると計画が止まってしまう。したがって亡き者にしようと狙いを定めるのである。過去を見ると暗殺の形で平和主義者が命を落としている。

　一方、独裁者などの悪者は守っていき、勢力を増すことに努めている。

□11　霊能者が見た3人の老婆の地獄生活

　◇自業自得とはいえ気の毒に思われる

老婆①

　いつもうす暗くて、光の入ってこない地下の穴倉でうす暗いランプの灯りのもとで生活している。目もろくに見えず、苦痛は消えず、ただひたすら耐えていくしかな

い。

（地獄に落ちた理由）

　1　自分さえよければよいと思い、自分以外の人はすべて敵と思って生きてきた

　2　恨み、妬み、そしり、怒りと盗みを行ってきた

　3　他人に対して愛の心も慈悲の心も全くなかった

老婆②

　地下の暗くて年中寒い冷寒地獄で、1人で生活している。自分自身もよく見えず、耐え続ける生活をしている。

（地獄に落ちた理由）

　1　自分の夫や子供に不満をぶつけていた

　2　嫁いびりをして、他人の悪口を言っていた

　3　苦しいことも悲しいこともすべて自分の心に詰め込んでそのまま生きてきた

老婆③

　暗黒地獄の中で、"天国へ行きたい"と題目「南無妙法蓮華経」を何回も唱えていた。

（地獄に落ちた理由）

　間違った教えを実践してきた

□12　地獄に落ちた歴史上の著名人

　ここで紹介するのは、地獄に落ちる人物像（P143地獄に落ちたのはどんな人か参照）と合致している。また、

167

霊能者によって地獄に入っていることが確かめられている人物である。（注）自殺者は即地獄なので、霊能者は必要ない。

　誰でも人物像を知れば、天国へは絶対に行けない、つまり地獄行きとなると結論すると思う。
　地獄に落ちたこの11人の著名人を、殺人をしているか否かで分けた。
1　大量の殺人者
　①アドルフ・ヒトラー
　②スターリン
　③織田信長
　④豊臣秀吉
2　殺人はしてない者
　⑤日蓮
　⑥池田勇人
　⑦岸信介
　⑧三島由紀夫
　⑨川端康成
　⑩パウロ
　⑪マホメット
○「地獄の年数」は大量の殺人者の方がはるかに長くなる。想念が凶悪であり、かつ大量の殺害された人々の怨念を受け、殺害された人がすべて天国に上るまで最低限出られない。

○この世での経歴は全く無用となる。

　あの世は、この世での社会的地位や名誉、財産、学歴などは一切関係のない世界になっている。この世にある賄賂はあの世では通用しない。

○絶対に割の合わない地獄生活。

　この世の人生80年として、地獄生活は80年の10倍以上いく。普通に生活していれば楽に天国へ行けたものを悪に手を染めたばっかりに甚大な代償を払わされる。これも自業自得‼

◇地獄に落ちた著名人11人

（1）外国のトップ独裁者

①アドルフ・ヒトラー（1889年〜1945年、56歳没、ドイツ）

・第1次大戦後にナチス党を結成。ファシズム体制を完成する。ナチスの聖書と言われる『わが闘争』を刊行した（1925年）。1933年ドイツの首相になる（一党独裁）

・反ユダヤ主義でユダヤ人を害虫扱いする（ホロコースト）。ナチスの強制収容所でユダヤ人（110万人）を大量虐殺する。

・第2次大戦で敗北し自決。

②スターリン（1878年〜1953年、74歳没、ソビエト）

・ソビエト連邦を建設した政治的理論的指導者レーニン首相の後継者。

・ソ連共産党の初代書記長。自分を生きた神仏に置き、創造主（神）を否定した。赤い皇帝と呼ばれ、多くのウクライナ人を飢死させた。また4万2000人の宗教指導者を処刑したとされる。爆破計画中に急死したという。

（2）日本の戦国武将

③織田信長（1534年〜1582年、48歳没）

・神や皇帝に自分を重ね、戦いを好み、殺人に快感を覚えるという精神異常のまれな殺人鬼だった。

・長島の一向一揆では伊勢湾の海上を封鎖し、兵糧攻めをして、老人や子供まで餓死させた。また全面降伏を申し出るも許さず、四方から火をつけて、籠城した人々を女性や子供までをすべて焼き殺し、およそ1万人以上が犠牲になった。

・比叡山の焼き討ちを家臣の明智光秀が反対したにもかかわらず決行した。ここでも3000人近くの人々が焼き殺された。

・信長は、城を権威の象徴とするなど、権力の亡者であった。「鳴かぬホトトギス」で性格がたとえられた。「鳴かぬなら殺してしまえホトトギス」

・信長は家臣に「耳の痛いことを何でも言ってくれ」と言ったが、自分のやりたいことの反対のことを告げた家

臣平手政秀を自害に追いやった。

・1582年6月2日に起きた本能寺の変は、歴史上最も有名な謀反である。明智光秀は信長から秀吉への救援要請を受けるも、行かずに信長のいる本能寺を襲った。この時、本能寺を守る信長の兵は100人くらいで、光秀の兵士は1万人以上といわれる。不意討ちにより信長は自害に追い込まれた。

　この謀反によって明智光秀は「裏切り者」のレッテルを貼られる。しかし信長は「地獄」に落ち、光秀は天国に上り2人は明暗を分けることになった。

・明智光秀は、部下の死に供養米を送るなど部下思いで、平和主義者だったといわれる。信長による雑事の押しつけ、理不尽な叱責、プライドを傷つけられる仕事の変更などで、怨念が信長に向けられたのではないかといわれている。また、本能寺の変に備えて、部下に、敵と味方を区別できる「足元の判別法」を伝授したという。用意周到な人物だった。

④豊臣秀吉（1537年〜1598年、61歳没）
・山崎の戦いで明智光秀を討ち、賤ヶ岳の戦いで柴田勝家を討ち、織田信長の後継者となる。1590年に天下統一を果たす。「鳴かぬホトトギス」でたとえられた秀吉の性格は、「鳴かぬなら鳴かせてみようホトトギス」である。敵対する者は罠を仕掛け、ことごとく殺害した。

・三木城と鳥取城の城攻めでは7000人もの人々を餓死
させた。朝鮮出兵では民衆までも殺害した。加藤清正率
いた1万人の兵の多くは餓死や凍死した。千利休に切腹
を命じる。身長が極めて低かったといわれる（140セン
チくらい）。

(3) 日本の宗教家

⑤日蓮（1222年〜1282年、60歳没）

・日蓮宗の宗祖。鎌倉時代は、法然、親鸞、道元など多
くの宗教家を輩出したが、その中で最後に登場したのが
日蓮である。

・苦難と受難の人生だったが、恐れずに立ち向かって
いった。法華経の行者と呼ばれている。

・他の宗派を激しく批判した。

○「念仏無間」念仏ばかりしていると無間地獄に堕ちる

○「禅天魔」座禅ばかりしていると天魔に魅入られる

○「律国賊」戒律ばかりやっていると国賊に

○「真言亡国」真言ばかり唱えていれば国は滅ぶ

・親鸞の「念仏」を批判したが、自分も「題目」を唱え
るという間違いを犯した。しかも、間違いに気付いてい
なかった。末法の世を救うのは自分であると言い、布教
を始めた。

・お寺や僧侶を激しく非難した。「寺は焼き払え、僧は
由比ヶ浜に引きずり出して首を斬れ。そうしないと日本

は滅ぶ」

・1260年に法華経への帰依を主張している内容の『立正安国論』を書いて北条時頼に献上した。日蓮は鎌倉の人々に法華経の主張を説いたために念仏宗の信徒に襲われ、そしてまた幕府を批判したかどで捕えられて伊豆へ流されるという悲劇に遭う。

・いつの時代でも各分野で、「本物」が特に優れていて有名になっている時に「偽物」が登場してくる。

　日蓮は、釈迦の晩年の経典「法華経」の偽物の中にある「これまで40年真実の教えを説かなかった。これは教化の方便、ここに説く教えこそ最も大切なものである……」と述べていることを引いて、釈迦の説を方便と攻撃した。そして、「法華経以外はすべて不要」という教えを排斥した。だまされたとしかいえない。

・日蓮の門弟達は折伏による猛烈な布教活動をし、他宗の本尊を焼き払い、川や海に流して捨てたという。このため再び日蓮は捕えられて佐渡へ流された。1261年の伊豆に続き、1271年2回目の島流しであった。

・日蓮は今の千葉県に名もなき漁民の子として誕生した。自ら上行菩薩の生まれ変わりであると言ったが、言動が激しすぎ、死後は自ら700年近く地獄に入っていたといわれる。

(4) 日本の政治家

⑥池田勇人（1899年～1965年、65歳没、元首相）

・1925年、京大卒業後大蔵省に入省する。6年後、当時原因不明の不治の病と言われた落葉状天疱瘡で退職する。看病に当たった妻が死去。翌年に看護師と再婚する。1949年に衆議院議員に当選する。吉田内閣で大蔵大臣に、翌年通産大臣も兼務した。1960年内閣総理大臣に就任

・1950年、暴言「貧乏人は麦を食え！」

・1952年、再び暴言を吐く。「中小企業の倒産、倒産による自殺者が出ても止むを得ない」と慈悲も愛も全くない冷酷な言葉だった。

・1964年、喉頭ガンで入院し翌年に死去する。

・「経済のことは池田にお任せください」「私は嘘は申しません」などの語録がある。

・目玉政策として、所得倍増計画を打ち出した。

⑦岸信介（1896年～1987年　元首相）

・第3代自民党総裁。戦前は東條英機内閣の商工相、国務大臣として活躍した。

・戦後A級戦犯として巣鴨拘置所に入る。釈放後石橋内閣で外務大臣になるが、石橋首相が病で倒れ辞職し、1957年首相に任命された。

・旧統一教会の文鮮明会長とは親交があり、教会の日本の本部が自宅の隣の敷地にある。

・1960年、30万のデモ隊が安保反対で国会や首相官邸を取り囲む騒ぎが起きた（60年安保）が、岸内閣は条約の批准をして退陣した。

・インドネシア賠償問題や日商岩井の航空機疑惑などで金銭を巡っての疑惑がつきまとい、「昭和の妖怪」と呼ばれた。

(5) 日本の作家

⑧三島由紀夫（1925年〜 1970年、45歳没）

・作品：『金閣寺』、『憂国』など

・1970年、自衛隊市ヶ谷駐屯地で隊員800人を前にしてバルコニーに立ち「諸君は武士だろう、ならば自分を否定する憲法をどう守るんだ、……」とクーデターを呼び掛けるも失敗。その後割腹自殺した。楯の会の森田必勝がその場で介錯したが森田自身も自殺した。修羅界に入っているといわれる。

・1970年は、よど号ハイジャック事件、ビートルズの解散があり、大阪万博が開催された年でもあった。

⑨川端康成（1899年〜 1972年、72歳没）

・作品：『伊豆の踊子』、『雪国』、『千羽鶴』、『山の音』、『古都』など

・1968年、ノーベル文学賞受賞

・作家仲間の三島由紀夫の2年後に自殺した

※自殺した日本の作家は多い。有名な作家であっても皆
地獄に入ることになる。おそらく地獄の存在は知らない
と思う。知っていたら、恐ろしい世界に行く自殺は、踏
み留まったのではと思われる?!

(6) 外国の宗教家

⑩パウロ（？〜 AD64年）

・元ユダヤ教徒で、キリスト教の迫害の急先鋒だった。
イエスが処刑された後に霊的復活したのを聞き、回心し
てキリスト教の教徒となり、キリスト教の伝道に大きな
力を発揮した。

・聖書の約40人の執筆者の1人。パウロの書簡は聖書の
大半を占めている。この中にはパウロの独断の誤った記
述も入っている。パウロはこの世の栄光があの世にも通
じると思っていたといわれるが、通じなかった。地獄に
入ったのである。

・聖書を信じるのは自由だが、怪しいと思われている内
容はチェックする必要があると思う。

⑪マホメット（570年〜 632年、62歳没）

・イスラム教の開祖。一方では、乱世の策術家とか略奪
者の親分と言われた。最初の妻の没後に妻10人、情婦
16人、女の奴隷が3人いたと記録されていたという。人

間性に問題があったともいわれ、宗教家としてはふさわ
しくない人物であろう。

・614年、クライシュ部族を迫害
・625年、ナディール部族の追放
・627年、ムスタリク部族の討伐
　　　　　クライザ部族の処刑
・630年、メッカの無血征服

付録
驚異!! 巨人が住む地底世界があった

□1　推定される地球の穴の場所の大きさ

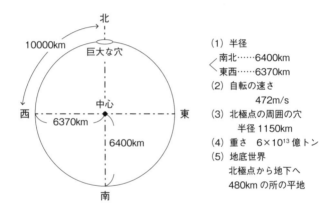

（1）半径
　南北……6400km
　東西……6370km
（2）自転の速さ
　　　　472m/s
（3）北極点の周囲の穴
　　　半径1150km
（4）重さ　6×10^{13}億トン
（5）地底世界
　　　北極点から地下へ
　　　480kmの所の平地

□2　地底人の情報

（1）北極点の周囲の撮影……アメリカの気象衛星エッサ7号が北極点の周囲に空いた巨大な穴の撮影をしている。穴の大きさは、直径2300キロ。

（2）アメリカの機密書類の流出……ロシアに亡命したアメリカの諜報員スノーデンが流出させた機密書類の中に、地底人に関する情報が入っていたといわれる。また、

その中からロシアがハッカー攻撃の技術を得たとされている。その真相はよく分かっていない。

（3）北極の探検……1947年にアメリカの有名な探検家バード少将が北極を探検した時の情報がアメリカ政府によって隠蔽されているといわれる。なぜ隠蔽したのか理由は不明。すっきりしない。

（4）地底社会からUFOが発進されていると言われているが、UFO情報はアメリカ政府によって隠蔽されている。

（5）アメリカ政府は、UFOの飛行原理、重力発生の原理を習得し、軍事目的で反重力飛行機を開発しているといわれている。

（6）1829年（日本の江戸時代、文政12年〜天保2年）北欧人のオラフ・ヤンセン親子が2年半かけて地底を探検した記録が残されている。

（7）地底世界に行くための入口はロシアとアメリカによって封鎖されているので、現在地底世界へは行けない。したがってオラフ・ヤンセン親子の報告書の内容は確かめられない。

□3　オラフ・ヤンセン親子の報告

◇地底の巨人はびっくりするほど大きい！

（1）寿命……600歳〜800歳

※日本人は、現在100歳以上は9万人くらい→最高齢

119歳（女性）。人口1億2400万人の0.07％（2023年厚生労働省調べ）

※人類が地球にやって来て、エデンの園の文明を築いた時は、寿命は500歳〜1000歳だったと言われる。

(2)　身長……（男性）3メートル65センチ以上

　　　　　　（女性）3メートル〜3メートル35センチ

　　　　　　（最高指導者）4.2メートル〜4.5メートル

(3)　髪の毛の色……黒色、黄色、黄色と赤色

(4)　結婚年齢……75歳〜100歳

(5)　通学開始……20歳から通い始めて30年間学ぶ

　※日本だと小学校から大学まで16年

　◇地底の動物や植物などもすべて大きい！

(1)　ペンギン……背の高さ2メートル70センチくらいでよたよた歩いていた

(2)　亀……高さ2メートルくらい、長さ7メートル〜9メートル、幅4メートル〜6メートル

(3)　象……500頭くらいいた。雷のような鳴き声、身長23〜26メートル、全長30メートルくらい

　※中生代の巨大恐竜のプラキオサウルスは体長23メートル、重さ50トン

(4)　主な果物

　　○ブドウ……房の長さ1.2メートル〜1.5メートル

　　　粒の大きさが地上のオレンジくらい

　○りんご……人間の頭より大きい

（5）森林……巨木で高さ240メートル〜300メートル

　　　　　　　直径は30メートル〜36メートル

（6）川……川幅48キロメートルと広い

（7）降雨……1日に必ず1回は雨が降った。なぜか？

（8）鉄道……当時の地上ではまだ走っていなかった電車が走っていたという。特に驚きなのは反重力装置が備えられていたという

□4　バード少将が北極・南極探検で見たもの

（1）1947年、バード少将は飛行機で北極へ行き、緑色の大きなジャングルと巨大な湖、絶滅したといわれる大型哺乳類マストドンなどを見た。

（2）1829年にヤンセン親子の探検した内容と合致しているのでヤンセン親子の報告記録は信用できる。

（3）バード少将の著書『空洞地球』によれば、1958年には南極の上空も飛んでいるが、南極点から3700キロメートル地点は地図上にはない大陸があるという。結局北極点も南極点もミステリー地帯で、地図上にはないという。

（4）バード少将の報告書は、残念ながらアメリカ政府によって公表が止められている。

□5　地球の空洞に関する諸説や著書

○1692年……ハレーが地球空洞説を発表した

○1741年……デンマークの作家が『地下世界への旅』
発表

○1908年……ウィリス・ジョージ・エマーソンが『地
球内部を旅した男』を発表した。この中でオラフ・ヤン
セン親子の2年半の地底生活の滞在の報告書が書かれて
いる。

○1909年……エマ・ルイザ・オールコットが「空洞地
球の中のアトランティス」を発表した。

○1969年……レイモンド・バーナード博士が「地球空
洞説」を発表。著書『空洞地球－史上最大の地理学的発
見』がベストセラーとなって、UFOが地底人の乗り物
とする説が有力になった。

□6　巨人伝説と、その情報

（1）ビッグフット

　北米では大型の猿人の目撃情報が多い。二足歩行で、
全身黒色の毛が生えていたとされる。パワーは木の枝を
ねじるほどのものという。1000頭くらいいるといわれ
る。足型が発見されており、それは約33センチ。

・ビッグフットの目撃情報

○1958年8月アメリカのカリフォルニア州の工事現場で、一夜明けたら40センチもある足跡があたり一面に残されていたという。

○1966年8月マレーシアのセグマート村で、何と身長が7メートルもある巨人が現れて、村人を震えあがらせたという。

　(2)　神話・その他での巨人

○ギリシャ神話など世界の様々な神話に巨人が登場している。身長は5メートルくらいになっている。

○日本の奈良時代の『風土記』に巨人の目撃談が散見されるという。

○その他にもヒマラヤの「雪男」、中国の「野人」などが伝えられている。

あとがき

　以上が、私なりに死後のあの世の「天国と地獄」について まとめたものです。誰もが、皆天国へ行ける幸福な 社会になってほしいと願っています。

令和6年3月　近藤真一

〈主な参考文献〉

本書をまとめるのに下記文献を参考にさせていただきました。深く謝意を表します。

佐藤有文『ミステリーゾーンを発見した』KKベストセラーズ 1983年

土居釈信『地獄界の帝王ルシ・エルサタンの陰謀―地球人類を救うのは偉大なるエルランティ「高橋信次先生」なり』M・S・A 1991年

ジェレミー・リフキン（著）竹内 均（訳）『エントロピーの法則 Ⅱ 21世紀文明の生存原理』祥伝社 1983年

リチャード・E・ムーニー（著）青木栄一・木暮利貞（訳）『太古宇宙戦争の謎』二見書房 1976年

エマニュエル・スウェデンボルグ（原著）今村光一（抄訳・編）『完全版 スウェデンボルグの霊界からの手記』経済界 2007年

A.ファーニス（原著）岩大路 邦夫（訳）、山口 美佐子（編著）『誰も書けなかった死後世界地図』コスモトゥーワン 2004年

A.ファーニス（著）岩大路 邦夫（訳）山口 美佐子（文構成）『誰も書けなかった死後世界地図Ⅱ―― 地上生活編』コスモトゥーワン 2005年

村上宥快『調和への道 心の存在を自覚するために』観音寺出版局 1985年

仁宮武夫（編著）『超心霊世界の神秘』日本文芸社 1958年

園頭広周『現代の釈尊 高橋信次師とともに』正法会出版部

1983年

園頭広周『高橋信次師こそ真の仏陀であった』東明社　1991年

長谷川光洋

『心霊世界の不思議』日本文芸社　1957年

『ドクトル霊界探訪記　この世のふしぎを解明する』　新星出版
社　1987年

高橋信次

『心の原点』三宝出版　1973年

『心の発見』三宝出版　1980年

『心の指針　苦楽の原点は心にある』三宝出版　1980年

『心眼を開く　あなたの明日への指針』三宝出版　1974年

『悪霊Ⅰ　あなたの心も狙われている』三宝出版　1980年

『悪霊Ⅱ　心がつくる恐怖の世界』三宝出版　1980年

レイモンド・A・ムーディ Jr.（著）中山善之（訳）『かいまみた
死後の世界』評論社　1989年

鈴木旭『日本超古代文明の謎』　日本文芸社　1989年

ウィリス・ジョージ・エマーソン（著）田中雅人（訳）『地球内
部を旅した男　オラフ・ヤンセンのシャンバラ・レポート』徳
間書店　2009年

イアン・スティーヴンソン（編）・今村光一（訳）『前世を記憶す
る20人の子供』叢文社　1980年

鹿島春平太『キリスト教のことが面白いほどわかる本』
KADOKAWA（中経出版）　2003年

著者プロフィール

近藤 真一（こんどう しんいち）

1944年　山梨県生まれ。
慶應義塾大学工学部機械工学科卒業後、都立高校の数学科教諭として八
王子東高校、立川高校などを経て退職し、少人数の数学塾を開設。ま
た、便利屋（職業ではない）として仕事もしている。趣味として小冊子
類を発行している。

天国と地獄は存在している 地獄に堕ちない生き方をしよう！

2024年7月15日　初版第1刷発行

著　者　　近藤 真一
発行者　　瓜谷 綱延
発行所　　株式会社文芸社
　　　　　〒160-0022　東京都新宿区新宿1−10−1
　　　　　　　　　　　電話　03-5369-3060（代表）
　　　　　　　　　　　　　　03-5369-2299（販売）

印刷所　　株式会社フクイン

ISBN978-4-286-25404-3